KB216996

가슴 찢는 회개

가슴 찟는 회개

지은이 | 김철기
초판 발행 | 2018년 6월 20일
13쇄 발행 | 2024. 3. 28
등록번호 | 제 1988-000080호
등록된 곳 | 서울특별시 용산구 서빙고로65길 38 두란노빌딩
발행처 | 사단법인 두란노서원
영업부 | 2078-3352   FAX 080-749-3705
출판부 | 2078-3331

책 값은 뒤표지에 있습니다.
ISBN 978-89-531-3169-9 03230

독자의 의견을 기다립니다.
tpress@duranno.com   http://www.Duranno.com

두란노서원은 바울 사도가 3차 전도여행 때 에베소에서 성령 받은 제자들을 따로 세워 하나님의 말씀으로 양육하던 장소
입니다. 사도행전 19장 8-20절의 정신에 따라 첫째 목회자를 돕는 사역과 평신도를 훈련시키는 사역, 둘째 세계선교(TIM)
와 문서선교(단행본·잡지) 사역, 셋째 예수문화 및 경배와 찬양 사역, 그리고 가정·상담 사역 등을 감당하고 있습니다.
1980년 12월 22일에 창립된 두란노서원은 주님 오실 때까지 이 사역들을 계속할 것입니다.

가슴
찢는
회개

밀알로 죽기 원하는
아마존 선교사의 참회록

• 김철기 지음 •

두란노

목차

PART 3

마침내 주와 연합하다

어리석은 발람처럼
나는 내가 가증스럽다
나는 위선적인 선교사였다
그릇된 회개
나는 삯군 목자였다

아내의 폐암이 재발하다
아내에게 멍에를 지우다
통증이 사라지다
아마존에서 맞은 겨울
언더우드 선교상을 받다
내 아들 지훈이
나는 아내에게 욥의 친구처럼 굴었다
"나도 당신한테는 여자예요"
최고의 보상

"허 선교사를 데려가셔도 좋습니다"
마지막 호흡까지도 '사랑'
허 선교사가 떠난 후
주님과 연합하다
24년 만의 기도 응답
다시 태어나도 아마존 선교사가 되고 싶다

1991년부터 근 30년을 흔히 말로만 듣던 남미 아마존의 밀림 지대에서 선교를 시작한 김철기 선교사의 사역과 삶이 담긴《가슴 찢는 회개》에 추천사를 쓰게 된 이유는 다음과 같다.

첫째, 김철기 선교사는 1980년대 장로회신학대학 신대원을 졸업한 후, 1990년대 초 아마존 밀림 지대의 인디오 선교에 소명을 받았다. 그때만 해도 아마존이란 식인종이나 무서운 짐승들이 사는 곳으로 인간의 접근이 불가능한 미지의 세계로만 알려졌다. 그런데 그런 곳에 선교하러 간다는 말을 듣고 한 번 놀랐고, 언어와 문명이 단절된 그곳에서 홀로 개척했다는 말을 듣고 또 한 번 놀랐다. 그의 선교에는 하나님의 경륜이 있었음이 분명하다.

둘째, 선교 중에 암으로 돌아가신 허운석 사모님의 이름을 따라 인디오 마을에 '허운석 선교사의 길'이 생겼다. 이는 한 알의 밀알이 땅에 떨어져 죽지 아니하면 한 알 그대로 있지만 죽으면 많은 열매를 맺는다는 밀알 신앙(요 12:24)을 증거하고 있다. 이는 또한 인간의 힘을 초월한 하나님의 역사를 증명하고 있다.

셋째, 김철기 선교사는 성경에 나타난 하나님 말씀을 글자 그대로 믿고 말씀에 따라 살아 낸 밀림 선교의 증언자다. 김 선교사처럼 살면 하나님 나라가 곧 임할 것이다. 그는 바울처럼 혼신을 다해 교회를 세웠고, 신학교를 세워 주의 종들을 양육했으며, 의료 혜택이 미치지 못하는 밀림 지역의 인디오들을 치료했다.

이처럼 놀라운 선교 업적에도 불구하고 그는 자랑할 게 없으며 오히려 회개할 일밖에 없다고 말하고 있다. 이 책은 어거스틴의 《참회록》과 같이 크리스천의 삶에 영원한 이정표가 될 것이다.

강사문 교수_장로회신학대학교 명예교수

저자는 아마존에서 사역하면서 심한 영적 갈등을 느끼게 되었고, 이 땅에 부흥을 주시든지 제 목숨을 거두시든지 하라고 양보할 수 없는 기도를 하기 시작했다. 그리고 2009년에 신학교 여학생이 기도 중에 방언의 은사를 받고 자기 죄를 고백했고, 이렇게 시작된 한 사람의 회개가 들풀처럼 번져 갔다. 이 과정에서 마약, 매춘, 도둑질, 알코올 중독, 양성애, 수간 등 놀라운 죄가 폭로되었다. 학생들의 회개운동은 철야기도, 금식기도를 통해 교인들과 구경 온 불신자들에게까지 번져 갔다. 이 일 후에 아마존 사역지에서 15년 만에 처음으로 망고나무에서 기적의 열매가 열리기 시작했다.

2010년 4월 선교지에서 뼈를 묻으리라는 각오로 브라질 시민권을 취득한 날, 그는 아내의 암이 재발되었다는 소식을 듣고 주님에 대한 원망과 분노가 솟구쳤다. 그때 주님을 사랑한다고 했던 모든 헌신과 사역이 자신의 종교적 야망이었음을 알게 되었다. 그래서 그는 고백한다. 나는 주님의 종이 아니라 사람의 종이었고 위선자 중의 위선자였다고.

교만의 본질은 자기 의다. 자기 사랑과 자기 자랑(자기 의)은 사역자가 평생 붙들고 싸워야 할 원수다. 사람의 일을 생각하고 하나님의 일을 생각하지 못하게 하며 넘어지게 하는 걸림돌이다. 자기 의를 무너뜨리는 것은 내가 '아무것도 아닌 것'이 되는 것이다. 자기 죽음을 체험하는 것이다. 그것이 자기 부인이며 회개의 본질이다.

저자의 아내가 떠난 충격과 슬픔은 그를 진정한 회개의 자리로 이끌었다. 아내의 죽음을 통해 지금까지 자신의 인생 전체가 사기였음을 깨닫게 되었다. 주님은 허 선교사를 취하셨고 대신에 주님 자신을 그에게 주셨다. 자기 부인이 이루어지기 전 허 선교사는 항상 곁에서 도와주는 파라클레토스(보혜사)였다. 하나님이 아내를 데려가신 후 자아의 완전한 죽음을 경험한 그에게 하나님은 영원한 파라클레토스이신 성령을 보내 주셨다. 암 재발은 무엇과도 바꿀 수 없는 축복이었다.

이 책의 갈피갈피마다 저자가 흘린 회개의 눈물이 묻어 있다. 진실한 회개가 무엇인지, 회개의 영광과 축복이 무엇인지, 왜 이 땅에서 성도의 생애는 회개에서 시작하여 회개로 완성되는지를 확실히 알 수 있다. 주의 종이 할 일은 회개뿐이다. 일이 끝나면 설거지하듯이 나를 깨끗이 닦아 선반 위에 올려놓고 주인에게 다시 쓰임 받을 때를 기다린다. 우리가 써야 할 것은 업적이나 자랑이 아니라 참회록이다. 그것밖에는 없지 않는가?

　회개하는 자는 바울과 같이 남은 인생을 늘 빚진 자로, 은혜 받
은 자로, 용서받은 자로 살아간다. 저자는 처음 본 아마존을 '은혜의
강'이라고 불렀다. 그의 믿음대로 아마존은 자아를 죽이고 주님과
온전한 연합을 이루게 해 준 최고의 은총이며 축복이 되었다.

권영국 목사_들꽃교회

이 책에는 김철기 선교사의 아마존 인디오 부족들을 향한 사랑 이야기가 끝없이 펼쳐진다. 그는 한 점 부끄럼 없이 주님을 사랑하기 원했고 그렇게 살았다. 그런데 그는 지금 돌아보니 아내를 사랑하지 않았다고 통한의 눈물을 흘리고 있다. 독자로선 그것까지도 사랑의 노래로 읽힌다. 잠시 머릿속으로 스친 악한 생각도 회개하며 자기 죄를 폭로하고 있는 그는 욥이 시험 후에 주님을 만났듯 마침내 주님과 연합하는 은혜를 증언하고 있다. 그의 삶을 통해 우리는 사도행전의 역사가 지금도 계속되고 있음을 확인하게 된다.

김백석 목사_한국선교사자녀교육개발원(KOMKED) 원장

나는 40년 전에 김철기 선교사를 만나서 지금까지 교제를 이어
오고 있다. 그를 만날 때마다 나는 도전을 받고 영혼의 시원함을 느
낀다. 김철기 허운석 선교사 내외는 아마존의 힘든 삶을 그리스도의
고난에 동참하는 것이라 여기며 오히려 기뻐했다. 그들의 복음은 삶
으로 살아 낸 십자가의 복음이었으므로 듣는 이들의 마음에 충격과
함께 평생 잊힐 수 없는 자취를 남긴다. 김 선교사는 아내를 먼저 보
내고도 주님과 연합을 이루었으므로 이제 죽어도 여한이 없다고 말
한다.

　이 책은 내적 치유를 말하고 있지 않으나 진정한 내적 치유란
회개를 통해서만 완전해짐을 증거하고 있다는 점에서 내적 치유의
길잡이 역할을 하고 있다. 그는 이 책에서 주님을 사랑하기 원했으
나 주님보다 일을 더 사랑했다고 회개하고 있다. 핍박 없는 시대를
살아가는 우리에게 현재 위치를 확인하게 해 주는 동시에 주님을 바
로 찾아가도록 일깨워 주는 책이다.

김호권 목사_동부광성교회

이 책은 아내를 먼저 보내고 그녀에게 잘못한 남편이 흘리는 눈물이 통한의 강을 이루어 흘러내린다. 주님께 대한 사랑과 충성이라는 이름으로 생명을 바쳐 헌신했지만, 그의 사역이 커지면 커질수록 자신과 그가 사랑하는 가족들은 점점 피폐해져 갔다. 아내가 죽음에 이르렀을 때에야 그는 하나님과 사람 앞에서 의로운 자로 서려는 종교적 야망으로 인하여 가족을 죽음과 절망으로 몰아갔음을 발견하고 소스라치며 절규한다. 자기 평생의 수고와 헌신이 하나님 앞에서 한 줌 티끌만도 못하며, 하나님은 어떤 업적보다 그분 안에 머물기 원하신다는 단순한 진리 앞에 그의 자랑과 의는 환도뼈가 부러지듯이 꺾인다.

주님은 고난을 통하여 그의 자아를 깨트리시고 일보다 사람을, 사역보다 영혼을 사랑하는 사람으로 변화시키셨다. 자신의 생명보다 주님을 더 사랑하고, 남편에게 마지막 남은 한 호흡으로 미소 지으며 떠난 아내 앞에서 그는 하나님을 경외하고 사람을 존대하는 복음의 제사장으로 거듭나며 주님과 온전한 연합을 경험하였다.

저자에게 흐르던 '죽음의 검은강'을 '은혜의 아마존 검은강'으로 변화시키시는 하나님을 찬양한다. 하나님 나라를 위해 사역에 골몰

하다가 하나님이 사랑한 사람들을 잃어버리고 통한의 눈물을 흘리
지 않으려면 더 늦기 전에 이 참회록을 필독하기 바란다.

홍순범 목사_산정현교회

내가 그리스도와 함께 십자가에 못 박혔나니
그런즉 이제는 내가 사는 것이 아니요
오직 내 안에 그리스도께서 사시는 것이라

_갈 2:20

창문 너머로 정글을 바라본다. 연중 내내 변함없는 녹색이다. 연녹색의 잎이 돋아나는 봄의 신비로움이나 그보다 더 짙은 색으로 푸르러지는 여름, 노랑 빨강으로 변하여 잎사귀를 떨구는 가을, 순백의 하얀색으로 뒤덮이는 겨울도 없다. 정글의 나무들은 그 키가 점점 커지고 울창해질 뿐이다. 언제나 그 모습 그대로인 녹색의 정글이다. 이렇게 수십 년을 바라보아도 여전히 아름답다.

나는 변함없는 정글과 다르게 많이 변했다. 거울을 보면 반백의 머리에 주름진 노인이 서 있다. 여러 종류의 성인병 약을 복용한다. 가끔은 기억도 가물가물하고 외출하면서 문을 잠그고 나왔는지 다시 확인하기를 반복한다.

아침에 삐용이라는 작은 벌레에 물린 자국이 가려워서 긁는다. 어젯밤 더위에 눌려 잠을 깨서 두통이 몰려온다.

하루에도 몇 번씩 내게 던졌던 질문, 나는 왜 여기에 있는가? 누구를 위하여, 무엇 때문에, 그리고 언제까지 이곳에 있어야 하는가?

아주 오래전 아마존에 처음 도착했을 때는 더위도 습도도 벌레들의 물림도 견딜 만했다. 아마존이니 당연히 그러려니 이해하며 살아 냈다. 그렇게 견디는 것이 당연하다고 믿었고 적응하다 보면 좋아질 거라고 믿었다. 그런데 얼마 전부터는 아마존의 환경이 점점 더 힘겹게 느껴진다. 특별히 더위에 노출되는 것이 두렵다.

인디오 형제 중 누구도 나를 붙들고 우리와 함께 오래 있어 달라고 말하지 않는다. 당신은 여기에 꼭 필요한 사람이라고 표현하지도 않는다.

오래전, 네 식구가 사명과 꿈을 이민 가방에 가득 채워 넣고 아마존에 왔다. 세월이 흘러 아이들은 자라서 우리 곁을 떠나갔다. 아내는 주님의 나라로 돌아갔다. 정글에는 나만 혼자 남았다. 얼마나 여기에 더 머물러야 할까? 아직 내가 해야 할 일이 있을까?

한국에 사는 동안 나의 멘토는 백제의 영웅이자 비운의 장군인 계백이었다. 18만 명의 나당 연합군이 백제를 공격했을 때, 계백 장군은 이미 국운이 다했음을 직감하고 처와 자식을 자기 손으로 죽이고 전쟁터에 나갔다. 나당 연합군과 비교하면 중과부적(衆寡不敵)인

5천 명의 군대로 네 번이나 전승했으나 결국 황산벌 전투에서 장렬한 죽음을 맞은 계백 장군의 나라 사랑을 나는 사랑했다. 한 나라의 장군이 나라를 위하여 충성한 것보다 내가 주님께 더 충성해야지 했다. 책이나 영화에서 사랑과 충성의 사람들을 볼 때면 주님을 향한 사랑과 충성을 다짐했다. 나는 그 누구보다 주님을 사랑하는 사람이었으면 했다.

왜 그런가? 그분이 나를 사랑하셔서 십자가에서 피 흘려 죽으심으로 내 죄를 사하시고 나를 구원하셨기에 마땅히 그래야 한다고 생각했다. 세상의 명예도 부도 권력도 어떤 것에도 관심이 없었다. 윤동주 시인의 '서시'처럼 주님 앞에서 진실하고만 싶었다.

죽는 날까지 하늘을 우러러 한 점 부끄럼이 없기를
잎새에 이는 바람에도 나는 괴로워했다
별을 노래하는 마음으로 모든 죽어 가는 것을 사랑해야지
그리고 나한테 주어진 길을 걸어가야겠다

오늘 밤에도 별이 바람에 스치운다

가끔, 생각한다. 언제부터 주님을 향한 이 강렬한 갈망이 내 마음에 심긴 걸까? 내가 심은 것이 아니다. 그렇다고 누가 억지로 심은 것도 아니라고 생각한다. 물론 누군가에게 영향을 받았을 테고 도전을 받았을 테다. 경건 서적들과 아내 허운석 선교사의 영향도 컸다. 하지만 본질적으로는 이런 갈망의 씨앗은 주님이 그의 자녀에게 심은 것이라 생각한다. 주님은 심을 뿐 아니라 평생을 그 사랑에 대한 갈망으로 불태우도록 하신다. 주님은 우리를 완전한 당신의 소유로 삼고자 완전한 연합을 위한 여행으로 우리를 인도해 가신다.

그런데 나는 언제부터 그렇게 순수하다고 믿었던 사랑과 헌신이 왜곡되어 내 의로움이 하늘을 덮어서 바리새인 중의 왕바리새인으로 변한 걸까?

그러나 주님은 그렇게 실패하고 절망 중에 버려진 죄인을 찾아오셨다. 그리고 내가 죄인 중의 괴수라(딤전 1:15)고 가슴에 박아 주시며 그리스도와 연합하게 하셨다.

내가 이 참회록을 쓴 동기는, 아마존에서 이룬 업적이나 성공 스토리를 기록하려는 게 아니다. 그와 반대로 내가 걸어온 발자국들을 헤아리며 더 깊은 회개와 겸손의 자리로 나아가려고 한다. 또 자기 목숨보다 주님과 인디오 형제들을 더 사랑하며 한 생을 살다 간 하나님의 여인, 내가 존경하는 어느 전도사님의 표현처럼 "마지막 남은 한 모금의 숨마저도 그리스도의 향기로 살다" 간 아내, 허운석 선교사의 삶과 사역을 세상에 알리고 싶어서다.

그리고 행여 주님을 자기 목숨보다 더 사랑하고 싶은 갈망이 있는 그리스도인들에게 이 책을 통해 나처럼 주님보다 주님의 일을 더 사랑하는 실수를 범하지 말라고 말해 주고 싶어서다.

2018년 6월

아마존에서 김철기

분명히 아마존은 우리가 살기 힘든 환경이다.
환경에 결코 익숙해지지 않으므로 마음이 풀어지지 않는다.
그런 관계로 열심히 치열하게 살도록 주님께서 인도하신다.

Part 1

부르심
"내가 가겠습니다"

1장

농촌 목회자에서
선교사로

40일 금식기도

⊪

나는 내가 선교사가 되리라고는 한 번도 생각해 본 적이 없다. 더욱이 아마존 선교사가 되어 평생을 살아야 할 줄은 꿈에도 생각해 본 적이 없다.

1983년 9월인가, 구의동 넓은 광장에서 대형 천막을 치고 '아마존 전시회'라는 입간판이 걸린 것을 보고 호기심에 들어간 적이 있다. 아주 큰 동물과 벌레들, 그리고 식물들을 사진에 담은 전시회였다. 그때만 해도 그것이 내 인생과 상관 있을 줄은 꿈에도 생각하지

못했다.

내 아내 허운석 선교사는 기도를 소중히 여기는 그리스도인이었다. 나와 결혼한 후 4년쯤 지난 어느 날 그녀가 내게 갑작스러운 선포를 했다.

"당신이 이토록 기도에 게으르니 장래에 무슨 소망이 있겠소. 각자 헤어져서 자기 길을 갑시다!"

내가 새벽기도를 게을리하자 4년을 두고 보다가 이혼을 결심한

27

농촌 목회자에서 선교사로

모양이었다. 순간 둔기로 머리를 맞은 듯이 큰 충격을 받고 어떻게 하면 이혼당하지 않을까 궁리하다가 금식기도를 해야겠다고 마음먹었다.

예전에 철야기도를 위해 자주 다니던 북한산 통일봉(기도하는 이들이 붙인 이름)에 20일 금식기도를 작정하고 올랐다. 원래 기도원 자리인데 당시는 헐리고 사람들이 텐트를 치고 기도를 했다.

어느 분이 2인용 텐트를 하나 주어서 기도하는데, 1월 초의 겨울바람이 매서운 데다 배고픔과 싸우느라 너무 고통스러웠다. 일주일이 지난 어느 눈보라가 치던 날, 허 선교사와 내가 섬기던 구산교회의 고등학생 세 명이 석유 난로와 담요를 가지고 왔다. 얼마나 고마운지 그들이 다윗이 샘물을 먹고 싶다고 했을 때 목숨을 걸고 적진을 뚫고 들어가 물을 떠 온 세 명의 병사처럼 여겨졌다. 지금은 연락이 닿지 않지만 종종 생각이 나면 그들에게 감사하며 축복의 기도를 하곤 한다.

당시 추위는 영하 15℃를 오르내렸다. 텐트에선 석유 난로가 있어도 하루 종일 켜선 안 되었다. 냄새도 고약했다. 오리털 점퍼가 나오기 전이니 변변한 외투도 걸치지 않은 상태였다. 지금 생각해도 텐트 하나로 그 추위를 견딘 것이 놀랍기만 하다. 더구나 밤이면 바람이 더 거세져서 텐트가 날아가지 않을까 염려되어 "주님, 제발 이 텐트만 날아가지 않게 해 주세요" 하고 기도했다.

잠자는 시간 외에는 거의 하루 종일 기도와 말씀에 전념했다. 게으름과 나도 모르게 품었던 악하고 미워하는 마음을 회개했다. 그동안 기억나지 않아서 고백하지 못한 죄까지 생각나서 회개하며 용서를 구했다. 낮에는 양지바른 곳을 찾아서 무릎을 꿇고 기도했다. 마실 물은 산 아래 졸졸 흐르는 물을 받아서 마셨다.

하루 종일 기도에 전념하고 성경을 읽자, 말씀이 내 안으로 들어와서 심기는 경험을 했고, 기도가 하늘로 올라가고 내 영혼에 성령님이 속삭이는 소리가 들렸다. 처음엔 그토록 고통스럽던 겨울 추위도 어느 순간 감사하게 되었다. 겨울을 맞아 잎을 벗어 버린 마른 나무들과 그 사이로 얼굴을 내미는 푸른 소나무들, 눈이 흩날리는 날이면 견고하기만 한 바위들까지, 자연의 아름다움에 매료되었다.

작정한 20일이 다가오던 어느 날 아직 회개할 것이 많이 남아 있다는 생각에 20일을 더 기도해야겠다는 감동이 왔다. 하지만 내가 그렇게 40일을 금식기도하는 동안 아내 역시 금식하며 산에 오르내리며 내 편의를 살피다가 장이 흔들리는 병을 얻어 병원 치료를 받아야 했다.

금식 30일이 지나면서부터는 잠깐이라도 잠을 잘 수가 없었다. 입에서는 물을 마시는 대로 푸른 물이 끊임없이 나왔다. 티슈로 계속 그 물을 닦아 내는 수밖에 없었다. 죽음의 그림자가 다가오는 것을 육감적으로 알았다. 40일 금식기도가 끝나 갈 무렵 내 마음에 이

29
농촌 목회자에서 선교사로

런 감동이 있었다.

"너는 갈릴리와 나사렛의 가난한 삶을 배우라. 목회자 없이 버려진 농촌 교회의 잃어버린 양 떼를 돌보라."

그렇게 40일째 날이 밝았고, 그날은 허 선교사가 이미 40일 금식 경험이 있는 여전도사님 두 분을 모셔 와서 그분들의 간증을 들으며 마지막 밤을 보냈다.

하지만 40일 금식기도를 마친 뒤 나는 더 교만해졌다. 어려운 일을 만날 때면 죽음의 문턱까지 갔으나 끝내 이겨 낸 당시를 떠올리며 담대함을 가지곤 했는데, 돌아보면 이것이 교만이었다. 나를 불쌍히 여기시는 주님의 은혜로 이혼당하는 위기를 넘긴 것인데, 마치 내 힘으로 그 위기를 넘긴 것으로 착각했던 것이다.

또한 40일 금식기도 이후 자기 의가 드높아졌다. 금식이 길어진 만큼 보호식도 길어질 수밖에 없었는데, 처음엔 미음을 먹다가 차츰 죽이나 과일주스를 먹게 된다. 이때 나는 허 선교사가 많이 주어도 절대로 욕심을 내서 과식하지 않았는데, 음식 욕심이 없었던 건 아니나 절제했다. 그러면서 나도 모르게 나는 절제할 줄 아는 사람이라는 자기 의가 높아졌다.

금식이 끝난 이튿날 허 선교사가 여관에 데려가 목욕을 시켜 주었다. 거기서 몸무게를 쟀더니 38kg이었다. 60kg에서 무려 22kg이나 빠진 것이다. 살은 없고 뼈만 남았는데도 씻어도 씻어도 때가 나왔다.

금식을 마쳤다는 소식을 듣고 가족과 지인들이 방문했다. 한번은 성도님 몇 분이 찾아와서 같이 예배를 드렸는데, 그 자리에서 허 선교사가 내게 왜 금식하게 되었는지를 간증하라고 했다. 나는 차마 이혼당하지 않으려고 금식했다는 말을 하지 못했다. 그 자리에 어머니가 계셔서 그런 말을 들으면 몹시 당황하실 것이라는 생각이 들었기 때문이다. 허 선교사는 그런 나한테 실망을 했고, 그날 우리 부부는 말다툼을 하게 됐다.

죽으면 죽으리라는 각오로 한 금식의 은혜를 그날 다 까먹어 버렸다. 어머니를 의식하고 사람을 의식해서 진실을 잘도 숨기는 간사한 내 모습이 적나라하게 드러나면서 금식 기간 동안 허락해 주신 주님의 임재와 은혜가 사라져 버린 것이다.

가난해도 너무 가난한

|||

40일 동안 회복식을 한 뒤 주님의 말씀을 따라 나사렛과 갈릴리의 가난한 삶을 배우기 위해 목회자 없이 버려진 농촌 교회를 찾았다. 어머니는 "40일 금식기도가 끝나면 능력 있는 큰 종이 되어 부귀와 영화를 누릴 줄 알았더니 고작 농촌 교회라니 기가 막힌다"고 하셨다. 허 선교사는 "아들이 돌을 넘기면 농촌에 가자"고 했다. 하지

만 나라도 먼저 내려갈 테니 뒤따라오라고 고집을 부리자 아내는 할 수 없이 따라 나섰다.

절친한 친구 전도사의 소개로 경북 금릉군 부항면 월곡리 학동에 소재한 부항중앙교회를 향해 기차를 타고 내려갔다. 기차에서 내린 후 김천에서 다시 버스를 탔는데 포장도로가 있는 지례까지 40분, 그런 다음 비포장도로인 월곡까지 40분을 달려 겨우 도착했다. 거기서도 교회까지는 2km를 더 가야 해서 교회 집사님이 경운기를 태워 주었다.

부항중앙교회는 부항면의 여러 동네들 중에 중앙에 세워졌다 해서 붙여진 이름이다. 실제로 부항면에는 버스가 주차하는 월곡리에 100여 가구, 교회가 세워진 학동 옆의 어전에 89가구, 학동을 지나 5리 더 가면 나오는 가목에 80여 가구가 있었다. 그리고 조금만 더 가면 전북 무주 구천동이었다. 교회는 사람들이 '큰 산'이라고 부르는 삼도봉을 사이에 두고 전북, 충북, 경북이 나뉘는 한가운데에 자리 잡고 있었다.

교회가 있는 학동에는 고작 13가구가 살고 있었다. 교인들은 학동을 '짚은(깊은) 골짝'이라고 불렀다. 그 짚은 골짝은 큰 산들과 계곡들로 이어져 있었다. 계절마다 옷을 갈아입는 아름다운 모습은 늘 나를 경탄하게 만들었다.

1년 전에 이곳을 담임하던 전도사님이 병환으로 세상을 떠난 뒤 교회는 한 집사님이 예배를 인도하고 있었다. 처음엔 그야말로 황량하기 그지없었다. 가난한 농촌 교인들이 십시일반으로 돈을 모아 20여 평의 교회 건물과 약 13평의 사택을 건축해 시작되었다는 교회는 십수 년이 지났으나 화장실도 없었고 교회를 드나드는 입구도 옆집 집사님 댁을 통해야 했다.

사택은 방 두 개를 사이에 두고 마루와 부엌이 있었다. 하지만 상수도 시설이 없는지라 식수는 옆집 집사님 댁 펌프 물을 이용했고 세수와 목욕, 설거지는 사택 뒤 계단식으로 만들어진 논에 고무호스를 꽂아 물을 받아서 사용했다. 가끔 물이 나오지 않았는데, 작은 청개구리가 들어가서 고무호스를 막아 버렸거나 고무호스 전체를 갈아 버려야 할 만큼 이끼가 많이 끼었기 때문이다.

물론 사택에는 화장실이 없어서 옆집 화장실을 이용해야 했다. 재래식 화장실은 겨울과 봄, 가을에는 그런대로 나쁘지 않았다. 하지만 여름이면 사정이 달랐다. 구더기가 들끓는 데다 비가 많이 오는 날엔 화장실로 물이 들어와 일을 보기 곤란했다.

산골에서 겨울을 나는 것은 또 어떤가. 방 두 개 모두 창호지 문 하나를 사이에 두고 바로 바깥이어서 바람이 그대로 들어온 데다 웃풍이 세서 어린 아들이 감기를 달고 살았다. 너무 추워서 연탄난로를 방 안에 놓았더니 아침이면 바깥 기온과 방 기온의 차이가 너무나서 창호지가 흐물흐물 흘러내렸다.

계단식 논의 물을 끌어들여 쓰는 일도 겨울엔 불가능했다. 고무 호스가 얼어 버렸기 때문이다. 더구나 빨래는 냇가에 가서 얼음을 깨고 해야 했는데, 면장갑을 안에 끼고 다시 고무장갑을 끼었어도 손이 얼마나 시렸을까. 하지만 당시 나는 모든 여인이 그렇게 하니까 고마운 줄도 미안한 줄도 몰랐다.

방 하나는 연탄을 땠으나 나머지 방 하나는 장작을 패서 방을 덥혔다. 장작은 가을걷이를 마친 교인들과 함께 큰 산에 올라 해 왔다. 경운기가 들어가는 곳까지 가서 나무를 베고 경운기에 실어서 내려오면 장작을 패 추위를 대비했다. 하지만 장작이 충분히 마르지 않은 상태일 경우 불을 피우기가 쉽지 않았다. 설상가상으로 바람이 반대로 불면 눈썹과 머리를 태우기 일쑤였다. 선교사로 파송될 때까지 이 덜 마른 장작 때문에 불 피우는 데 애를 먹었지만 교인들이 우리를 불쌍히 여겨서 늘 땔감을 충분히 제공해 주었다.

나는 당시 장신대(장로회신학대학교) 4학년이어서 월요일 오후에 서울로 올라갔다가 금요일 저녁이면 집에 돌아왔다. 허 선교사와 세 살 된 딸 수산나와 7개월 된 아들 지훈이를 두고 방학 때를 제외하고 학부 4학년, 신학대학원(신대원) 3년을 마칠 때까지 주말 부부로 살았다.

허 선교사는 내가 주중에 학교에 가면 매일 새벽종을 치고 새벽 예배를 인도했다. 아이 둘을 예배당에 눕히고 교회에서 기도하다가 잠을 잤다. 남편 없이 농촌에 홀로 있는 전도사 사모들이 강간을 당하는 일이 많다는 이야기를 들었기 때문이다. 월요일 오후만 되면 서울로 올라가는 나를 얼마나 따라 나서고 싶었을까. 아들을 등에 업고 딸은 걸려서 행길까지 나와 작별 인사하는 게 얼마나 힘들었을까. 나는 작별 인사를 한 뒤에는 뒤도 돌아보지 않았다. 쟁기를 잡고 뒤를 보지 말라는 말씀을 기억해서 그랬다. 그때부터 가족들의 고통에 무감각해지는 훈련을 한 모양이다.

허 선교사는 그렇게 헤어지는 게 힘들었음에도 내가 금요일 오후에 돌아오면 금요 구역예배에 가라고 내몰고 토요일엔 교인들 가정을 심방하라고 독촉했다.

우리 아이들은 농촌 아이들과 함께 자랐다. 산과 들을 뛰어다니며 냇가에서 수영을 하고 물고기를 잡았다. 도시 아이들처럼 과외를 하거나 학원에 가는 일이 없다 보니 학교만 다녀오면 노는 게 일이었다. 덕분에 선교지에 나갔을 때 아이들은 별 어려움 없이 현지의 아이들과 어울려 놀았다. 아이들도 선교사 자녀로서 미리 훈련을 받은 셈이다.

주님이 나사렛과 갈릴리의 삶을 배우라고 하셔서 농촌으로 갔지만 농촌의 삶은 정말이지 가난했다. 교인이 많지 않은 부항중앙교회가 제공하는 생활비는 우리 네 가족이 생활하고 내가 매주 서울로 학교를 다니기에는 턱없이 부족했다. 다행히 교인들이 농사를 짓다 보니 성미는 늘 넉넉해서 배고프지 않았다. 하지만 다른 것은 다 부족해서 당시 내 소원은 달걀 부침개를 실컷 먹어 보는 것이었고, 허 선교사 소원은 고등어자반을 먹는 것이었다.

허 선교사는 아들을 등에 업고 딸을 걸리며 산과 들을 찾아 나물을 뜯었다. 이른 봄의 쑥을 시작으로 취나물, 미나리 등 제철 산나물과 야채를 원 없이 먹었다. 지금 생각하면 주님이 몸에 좋은 무농약 무공해 채소를 양껏 먹이신 것이었다. 지나가다 뱀을 만나면 잡아서 팔았다.

이렇듯 나는 농촌 교회에서 철저하게 가난을 훈련 받았다. 그리고 이 가난 훈련은 아마존에서 사역할 때 큰 도움이 되었다. 내가 가난했기 때문에 가난한 사람이 느끼는 부끄러움을 알았다. 작은 일 중 하나를 소개한다. 우리는 집을 개방하고 식탁에서 인디오 형제들과 함께 식사하는 것이 아주 자연스러웠다. 그런데 인디오 형제들은 우리와 함께 식사할 때 쑥스럽고 부끄러워서 음식을 접시로 잘 옮기지 못했다. 그럼 내가 그들 접시에 음식을 가득 담아 주었다. 그리고 형제가 먹다 남은 음식은 가족들이 먹을 수 있도록 식탁에 있는 모든 음식까지 싸서 보내주었다. 이런 행동은 내가 가난했기 때문에 가능한 배려였다.

누가 내 이웃인가

|||

1980년대 초 부항에 거주하는 우리 교인들은 나이 드신 할아버지 할머니들이 대다수였고 청년들은 극소수였다. 당시는 대부분이 여전히 전통적인 농사를 짓고 있었다. 봄에는 모를 심었고, 가을에는 나락을 베고 논에 양파를 심었다. 토요일이나 공휴일이면 논두렁에 앉아 같이 밥을 먹고, 할 줄도 모르는 일을 하는 시늉이라도 하는 것이 교인들에게도 우리에게도 기쁨이었다. 주님은 말씀뿐 아니라 삶을 나누는 훈련을 하게 하셨다.

13가구가 사는 작은 동네였으나 여름철이면 한 달에 한 번 꼴로 부역이라는 것을 했다. 주로 동네 길을 정비하는 일이었다. 그렇게 공동 노동을 할 때면 나도 같이 나가서 아주 열심히 일하는 척했다. 삽질과 괭이질을 하다 보면 손에 물집이 생겨서 아팠다. 그렇지만 동네 주민들의 마음을 얻고 싶어서 부지런히 몸을 움직였다. 언제 어디서나 동네 어르신들을 만나면 고개를 숙여서 정중히 인사했다. 이렇게 고개를 숙이고 인사하는 습관은 선친의 가르침 때문이었는데, 훗날 아마존에 가서 인디오 형제들의 관심을 얻는 데 큰 도움이 되었다.

허 선교사는 수십 년간 때로 찌든 예배당 마룻바닥을 여성도들과 함께 샌드페퍼로 긁어내고 니스를 새롭게 칠했다. 지인들의 후원을 받아 창틀도 새롭게 페인트칠하고 십자가가 걸린 정면의 커튼을 붉은 융단으로 새롭게 달았다. 나름대로 리모델링을 한 것이다.

허 선교사는 마을 어르신들의 사랑과 신뢰를 한 몸에 받았다. 그 계기는 이렇다. 학교에 가지 않는 남자아이가 있어서 이유를 알아보니, 엄마는 정신지체이고 큰아버지가 함께 살았는데 호적이 잘못되어 학교에 입학하지 못하고 있었다. 허 선교사는 김천 법원에 가서 호적을 변경시켜 주었다. 목욕탕에 데려가 때를 벗긴 뒤 집에 데려와 같이 밥을 먹고 딸아이와 함께 공부도 시키고 잠도 재웠다. 선교사로 파송될 때 같이 데려오려 했으나 아이가 혼자 남게 될 엄마가 염려되어 따라가지 않겠다고 해서 이별해야 했다. 허 선교사의 이같은 섬김은 동네 어르신들의 마음을 움직이기에 충분했다.

우리가 교회에 부임한 첫해에 성탄절이 지난 뒤 우리 교회의 젊은 부인이 자살하는 일이 있었다. 어린아이 셋을 두고 목숨을 끊은 젊은 여인은 험담에 참여했다는 구설수에 휘말려 괴로워하다가 끝내 극단적인 선택을 하고 말았다. 당시만 해도 교회 목사나 전도사가 교인들의 시체를 염하고 입관하는 것이 당연했다.

우리 부부는 이 상황에서 어떻게 설교를 할 것인지, 어떻게 염을 하고 입관할 것인지 밤을 꼬박 새우며 두려움에 떨었다. 아침이 되어 교인들과 함께 그 집에 가서 예배를 드렸는데, 방 안에 있던 허 선교사가 내게 찬송을 불러 달라고 했다. 나중에 들어 보니 염을 하는데 무서워서 찬송을 불러 달라고 했던 것이다.

부항중앙교회를 섬기는 6년 동안 수많은 장례를 치렀다. 연세가 많아 돌아가시거나 사고를 당해 목숨을 잃거나 스스로 목숨을 끊거나 참 많은 사람들의 장례를 치러 주면서 몇 십 명도 안 되는 교회에 왜 이렇게 많은 이들이 세상을 떠나느냐고 하나님께 절규했다. 한번은 젊은 형제가 오토바이를 타고 김천 시내에 나갔다가 버스와 충돌하는 바람에 즉사했다. 그 형제가 사고로 사망하기 전날 밤, 과연 내가 이렇게 목회하는 것이 맞는가 하는 자괴감에 빠져 신문에서 동시통역 학원 광고를 오려 주머니에 넣어 두었다. 동시통역사가 되면 어떨까 해서였다.

젊은 형제의 장례식을 진행하면서 나는 두려움으로 몸을 떨었다. 혹시 내가 목회를 잘못하여 무고한 사람들이 세상을 떠나는 게 아닌가 하고 질문을 하였다. 그러나 주님께서는 당시 내 질문에 대답하지 않으셨다.

우리 교회는 2년가량 도시 교회로부터 경제적 지원을 받았다. 물론 큰 도움이 되었다. 하지만 교인들이 자립에 대한 의지가 나태해지는 것을 보고 도시 교회에 편지를 써서 더 이상 지원금을 보내지 말라고 정중히 부탁했다. 그에 대한 대책이 있었던 건 아니다. 다만 주님의 도우심에 전적으로 의지하고 싶었다. 이 또한 아마존 선교를 위한 훈련이 되었다. 나와 허 선교사는 이때를 계기로 사람에게 도움을 구하지 않고 하나님께 간구함으로 모든 사역을 감당했다.

신실하신 주님은 주님만을 바라보고 도움을 구할 때 항상 때에 맞추어 공급하셨다. 하지만 주님만 바라보는 신실한 믿음 이면에는 더 많이 베풀지 않는 사람들에 대한 원망과 불평이 있었다. 한마디로 도둑놈 심보였다. 이렇게 양면적인 신앙을 견지하다 보니 사역이 어느 순간 내 자랑, 내 업적으로 둔갑하곤 했다. 그것은 주님으로부터 철퇴를 맞을 때까지 계속되었다.

농촌 교회를 섬기는 중에도 여러 번 도시의 교회로 옮길 기회가 있었다. 그러나 주님은 이제 떠나도 된다는 허락의 사인을 보내 주시지 않았다. 한번은 규모도 좀 있고 사례비도 훨씬 많은 교회로 옮길까 했다가 이 사실을 안 두 여집사님이 눈물로 만류하여 주저앉고 말았다. 가난의 유혹에 넘어질 뻔한 나를 두 분의 천사가 지켜 준 것이다.

순박하고 순수한 농촌의 삶은 단물이 든 도시에서의 삶을 희석시켜 놓았다. 가난한 농촌은 자기를 부인하고 자기 십자가를 지는 기독교의 가장 중요한 가르침을 실천할 수 있는 현장이었다. 나는 여기서 평생 가난한 농부들과 살다가 인생을 마치리라 마음먹었다. 그러는 동안 교회는 부흥해서 예배당이 교인들로 가득 채워지는 은혜를 받았다.

한국 교회에선 목회자가 설교단에 설 때 양복을 입고 오른다. 하지만 나는 양복은 고사하고 변변한 옷 한 벌 사 입기도 힘들었다. 다만 내겐 양복 한 벌이 있었는데, 오래전에 독일에 간호사로 갔던 누님이 독일인을 만나 결혼한 뒤 그 키 큰 매형이 입던 양복을 보내 준 것이었다. 길이도 품도 맞지 않아 세탁소에서 대충 고쳐서 입었다.

형편이 이렇다 보니 학교 등록금 60만 원을 제때 내지 못해 곤욕을 치렀다. 한번은 언제까지 등록금을 내지 못하면 자퇴 처리하겠다는 공고문이 내 이름과 함께 종합관 게시판에 게시된 적도 있다. 하지만 언제나 하나님이 보내 주신 주의 종들에 의해 가까스로 등록금을 해결할 수 있었다. 큰형님과 독일 누님, 김동환 장로님과 이순례 권사님, 김혜정 사모님과 심봉순 목사님… 무수히 많은 사람들이 나의 등록금과 생활비를 지원해 주었다. 특히 신대원 2학년과 3학년 내내 등록금 전액을 지원해 준 영주제일교회 전응옥 권사님께 진심으로 감사를 드린다.

1980년대에는 비디오플레이어가 아주 귀했다. 웬만한 교회도 소유하지 못했다. 내가 살던 김천에선 유일하게 기독교 서점에 있었는데, 성경학교 때 빌려서 기독교 영화를 보여 주었다. 그러다 어느 날 비디오플레이어가 있으면 겨울철 농한기 때 마을회관을 다니며 동네 사람들에게 기독교 영화를 보여 주고 전도하면 좋겠다는 생각을 했다. 이를 위해 기도하는 동시에 당장은 빌려서라도 마을회관에 기독교 영화를 상영했다. 그 이야기를 듣고 우리 교회 출신으로 울산에 살고 있던 장경환 집사가 선뜻 비디오플레이어를 기증해 주었다. 당시는 고가이기도 했지만 무엇보다 우리 교회에 꼭 필요한 것이어서 얼마나 감사했는지 모른다.

이후 여름과 겨울의 농한기를 이용해 시간이 되는 교인들을 초대해 영화를 보여 주고 전도를 했다. 주변 지역도 다니며 영화 상영을 했는데, 우리 교회 교인 중에 유일하게 봉고차를 가지고 있던 장철환 집사가 교통편을 제공해 주었다. 장철환 집사는 김천 시내로 나가서 경운기 수리를 하면 수입이 더 많아져 풍족한 삶을 살 수 있었다. 하지만 교회를 지키기 위해 그 유혹을 뿌리쳤다. 하나님 나라에서 주님은 장 집사가 포기한 풍족한 삶과 비교되지 않는 하늘의 상급을 주시리라 믿는다. 선교지에 나가서도 나는 영화 상영으로 전도를 했다. 농촌 교회에서 선교 훈련을 한 셈이었다.

우리 교회 출신들은 지금도 주변의 도시로 나가 기반을 잡은 뒤 선교사로 나온 나를 돕고 있다. 1980년 중반 우리나라는 각 기업에 산업체 고등학교를 세우게 한 다음 낮에는 일하고 저녁에는 학교에서 공부를 마치도록 주선했다. 당시는 농촌에서 자식을 고등 교육까지 시키려면 큰맘먹지 않으면 불가능하던 때였다. 우리 지역의 청소

년들도 이때 부산과 구미, 대구로 나가서 주경야독으로 공부를 마쳤는데, 이들이 장성하여 교회의 제직이 된 뒤 교회를 통해 나를 돕고 있는 것이다. 참으로 감사한 일이 아닐 수 없다.

오랜 믿음의 동역자인 김경애 권사님이 어느 날 우리 딸 수산나에게 피아노를 선물했다. 허 선교사는 피아노를 교회에 두고 반주자를 보내 달라고 기도했다. 하지만 고작 13가구가 살아가는 산골짜기에 과연 피아노를 반주할 수 있는 사람이 있을까? 기대할 만한 사람은 오직 면 소재 보건소 소장 부인이 아닐까 했다. 하지만 새로 부임했다는 보건소 소장 내외는 한 주일이 지나도록 교회에 오지 않았다. 아내는 낙담하는 눈치였다.

하지만 아내의 기도는 그다음 주에 이루어졌다. 보건소 소장이 아내를 오토바이에 태우고 나타난 것이다. 그 아내는 바로 대학에서 피아노를 전공한 이상신 집사님이다. 남편이 근무하는 2년 동안 이상신 집사님이 주일이면 교회의 반주자로 섬겨 주었다.

남편인 소장은 주일이면 오토바이에 아내를 싣고 교회 마당에 나타날 뿐 정작 예배는 드리지 않았다. 아내가 예배당에서 나올 때까지 교회 마당의 감나무 아래에서 담배를 피우며 아내를 기다렸다. 하지만 1987년 당시 75세인 방지일 목사님이 우리 교회에서 부흥회를 인도했을 때, 남편 소장이 회심을 했다. 그날도 역시나 예배당 밖에서 아내를 기다리다가 주기도문 강해가 예배당 벽을 넘어 그의 귀에

꽂힌 것이다. 그가 바로 우리 평생의 동역자인 안정태 집사님이다.

이 안정태 집사님과 이상신 집사님이 2002년부터 매년 아마존 단기의료선교로 다녀간다. 이제는 우리와 한 가족이나 다름없다. 아마존 검은강(Rio Negro) 상류 지역의 인디오 형제들이 안정태 집사님에게 도토르 치아구(Dr Thiago)라는 브라질 이름을 붙여 주었다. 안 집사님은 우리 인디오들에게 가장 친근한 사람이 되었다.

1982년 5월인가, 우연한 기회에 하용조 목사님이 이끄시는 기도모임에 참여한 적이 있다. 그때 하 목사님이 이런 말을 했다.

"한국 선교사들을 외국에 파송하기 전에 농촌에 미리 보내서 훈련을 받게 함이 제3세계에 가서 사역하는 데 큰 도움이 될 것이다."

그때는 내가 농촌에 가리라고도 선교사가 되리라고도 생각해 본 적이 없어서 흘려 들었으나 나중에 선교사가 되어서야 하 목사님의 말씀이 이해되었다. 농촌 교회를 섬기게 하신 것은 선교사로서 사역을 맡기기 위한 주님의 큰 그림이었다고 이해한다.

주님은 어디서든지 우리를 준비시키고 훈련시켜서 그분의 뜻을 이룩하신다. 그러므로 우리는 어디에 있든지 무엇을 하든지 주님이 허락하신 환경임을 알고 충성하면 된다. 그분의 뜻이 우리보다 훨씬 크므로 염려할 이유가 없다.

농촌 교회 교인들과 말씀과 삶을 나누면서 우리는 농촌에서 평생을 보내는 것을 당연하게 여기게 되었다. 우리 교인들과 함께 살다가 죽어서 양지바른 산 언덕에 묻히면 영광이라고 생각했다.

신대원을 졸업하면 대개 그 해에 목사고시를 치를 수 있는 자격이 생긴다. 나는 2월 초 농한기를 맞아 방지일 목사님을 모시고 교회에서 부흥회를 가졌다. 다른 친구들은 벌써부터 목사고시를 준비한다는 소문을 들었다. 하지만 나는 부흥회를 준비하느라 늘 기도회를 했다.

은혜 가운데 부흥회를 마치고 나는 부랴부랴 서울로 올라가 자료들을 구했다. 부항으로 내려가기 전날 밤, 장신대 앞의 분식집에서 친구들과 저녁을 먹었다. 그중에 홍순범 목사님이 인도와 동남아시아에 선교 훈련을 다녀와서 그 강렬한 인상을 쉴 새 없이 전했다. 홍순범 목사님은 당시 장신대 신대원에서 선교학을 부전공으로 공부했는데, 선교학을 가르치는 이광순 교수님이 20여 명의 학생들을 데리고 선교 훈련을 다녀온 것이었다.

인도에서 흔히 본다는 소 떼의 행렬과 영적인 어두움, 비참한 생활을 전하면서 인도에 복음을 전할 선교사가 절대적으로 필요하다고 피력했다. 그날 밤 숙소로 돌아가 누웠는데 문득 머릿속으로 떠

오르는 생각이 있었다.

"네가 인도에 선교사로 가야 하지 않겠느냐?"

그러나 다음 순간 그 생각을 부정하는 말이 쏟아졌다.

"아니 내가 지금 돌았나? 내가 왜? 그건 절대로 안 되지."

그런데 이 질문과 대답은 잠이 드는 순간까지 계속해서 반복되었다. "네가 인도 선교사로 가야 하지 않겠느냐?" 하면 다시 "아냐 그럴 수 없어. 가난한 농촌에서 목회하는 것도 힘에 부치는데 내가 왜 인도 선교사가 되어야 해?" 하며 새벽 3시까지 씨름하느라 몹시 피곤하고 힘들었다.

"주님 그렇게 원하십니까? 내가 인도 선교사로 가기를 그렇게 바라십니까? 그럼 그렇게 하겠습니다."

입으로 내뱉은 말은 아니었다. 마음속으로 한 말이었다. 하지만 그 순간 마음에 평화가 깃들면서 곧 잠이 들 수 있었다.

아침에 일어나 고속버스를 타고 부항으로 내려가는데 여전히 어젯밤 씨름한 질문이 머릿속을 맴돌았다. 그런데 아내에게 이 일을 어떻게 설명한단 말인가.

"주님, 지혜를 주십시오."

먼저 친구가 그랬듯이 인도 이야기를 하리라. 그런 다음 기회가 되면 선교사로 나갈 것을 말해 보리라.

계획대로 나는 허 선교사에게 인도 이야기를 한동안 했다. 한참

들고 있던 허 선교사가 그곳이야말로 선교사가 필요하겠다고 대구했다. 그래서 용기를 내어 어젯밤 씨름한 일을 말했다. 그랬더니 허 선교사가 그건 아니라며 반대했다. 다음 날 새벽부터 나는 농촌 교회 마루에 엎드려 주님과 씨름을 했다.

"주님 왜 저입니까? 그 많은 선교사 후보자들을 두고 왜 하필 저입니까? 저는 여기서도 몇 년째 고생하고 있지 않습니까? 너무 불공평하지 않습니까? 다른 사람을 보내십시오. 아내도 허락하지 않습니다."

그때 마음속에서 이런 생각이 들었다.

'그렇지. 아내가 반대하여 선교사가 될 수 없다는데 누가 시비를 걸 수 있겠어? 주님도 할 말이 없으시겠지. 아내의 반대로 갈 수 없다는 것만큼 합당한 이유가 어디 있겠어?'

그런데 신기한 것은 아내가 반대할수록 내 마음이 조금씩 열려서 결심을 굳히게 되었다는 것이다. 거의 두 주 동안 씨름한 뒤에 새벽에 기도하는데 한 가지 생각이 떠올랐다.

"네가 북한산에서 금식할 때 네 목숨을 내게 바치겠다고 하지 않았느냐? 내가 네 목숨을 받기를 원한다."

"오 주님!"

그 순간 더 이상 변명할 말이 생각나지 않았다. 아내는 여전히 허락하지 않았지만 나는 그날 인도의 선교사가 되기로 마음을 굳혔다.

5월의 어느 날, 경서 노회에서 선출된 몇 분과 함께 여름성경학교 교사 강습회에 참석하기 위해 서울에 올라갔다. 총회 백주년기념관에서 숙박하며 교육을 받았다.

그러던 어느 날 나는 같은 건물에 있는 세계선교부를 방문해서 이렇게 말했다.

"제가 인도에 선교사로 가겠습니다. 저를 파송해 주십시오."

세계선교부 간사가 잠자코 내 말을 듣더니 뜻밖의 제안을 했다.

"인도에 갈 마음이라면 아마존에 가 주십시오."

아마존에서 6개월 전에 선교사 파송을 요청했는데 아무리 연락을 하고 요청을 해도 누구도 가겠다는 사람이 없다는 것이었다. 그러니 인도에 갈 마음이라면 아마존에 가 달라는 것이었다.

아마존이라니, 충격이었다. 거대한 정글과 강, 큰 뱀이 사람을 통째로 삼키고 창으로 사람을 죽인다는 아마존! 그 자리에서 거절할 수 없어서 에둘러 거절의 의사를 표시했다.

"기도해 보고 전화하겠습니다."

세계선교부 문을 나서는데 두 가지 마음이 동시에 들었다. 어려운 부탁은 만만한 친구에게 한다는데 '주님이 나를 그렇게 믿으시고 만만하게 여기나' 싶어 감사하는 마음과 '그래도 그렇지, 그렇게 위험한 곳에 나를 가라고 하시나' 하는 섭섭한 마음이었다.

교사 강습회가 끝난 뒤 다시 돌아가 새벽마다 마룻바닥에 엎드려 주님께 묻고 또 물었다.

"주님, 힘겹게 인도에 선교사로 가는 것을 결정했는데 세계선교부는 제게 아마존으로 가라고 합니다. 이것이 주님의 뜻입니까?"

답답한 마음에 하루는 장신대 이광순 교수님에게 전화해서 물었다.

"세계선교부에서 제게 아마존 선교사로 가라고 합니다. 교수님 생각은 어떻습니까?"

그러자 교수님은 오래전에 자신의 친구가 아마존에서 선교사로 사역했다면서 "거기 사람들은 자기 나이도 모르고 복음도 듣지 못하고 있다"면서 "갈 수 있다면 자네가 가면 좋겠네"라고 했다. 혹 떼러 갔다가 혹 붙이는 격이 되고 말았다.

그 후로도 마음을 정하지 못하고 기도하다가 어느 날 이렇게 말하고 말았다.

"주님, 인도에 가서 죽으려 했는데 아마존에 가서 죽겠습니다. 뱀에 먹혀 죽든 창에 찔려 죽든 죽기는 매한가지 아니겠습니까."

다음 날 세계선교부에 전화해서 아마존 선교사로 나가겠다고 말했다. 하지만 그로부터 1년이 지나도록 세계선교부에선 아무런 연락이 없었다. 나중에 알아보니 신촌교회에서 나를 입양하여 선교사로 파송하려고 당회에서 의논했으나 내가 전라도 사람이라서 거절되었다고 했다. 여기에도 주님의 뜻이 있으셨다.

1990년 9월 초 홍수로 인해 한강의 수위가 위험하다는 뉴스를 본 다음 날이었다. 아침 일찍 이광순 교수님의 전화가 왔다.

"아내와 함께 서울로 올라오게."

허 선교사와 함께 서둘러 서울로 올라가 교수님 방에 들어섰더니 신촌교회 당회장이신 오창학 목사님과 아마존에서 처녀 시절 10년간 사역한 박광자 선교사님이 함께 있었다. 오창학 목사님이 아내에게 왜 아마존 선교사로 가는 것을 반대하느냐고 묻자 아내는 이렇게 대답했다.

"선교사로 가는 것은 죽으러 가는 것인데 어떻게 쉽게 결정을 할 수 있겠습니까?"

그러자 목사님이 대뜸 "이새의 아들 다윗을 만나니 내 마음이 기쁘다고 하신 것처럼 내 마음이 기쁩니다. 맞습니다. 선교사는 그렇게 죽을 각오로 가야 하는 것입니다" 하며 이광순 교수님과 박광자 선교사님이 함께 아마존에 가라고 권했다. 아내는 그때 '주님이 나를 이렇게 코너에 몰아넣으시는구나, 선교사로 가는 수밖에 없겠구나' 하고 마음의 결정을 내렸다고 한다.

그날로 교회에 양해를 구하고 총회 세계선교부 파송 선교사 교육 12기 훈련에 합류했다. 4주간의 합숙 훈련 동안 우리는 매우 진지하게 임했다. 아마존으로 가면 살아서 한국에 돌아오지 못할 것이라는 각오로 임하는 만큼 모든 과정을 충실하게 참여했다. 나는 다만 살아 돌아오지 못하더라도 아마존에서 주님과 형제들을 더 사랑하고, 제자로 살며, 자아가 모두 죽어서 주님과 완전한 연합을 이룰 수 있기를 기도했다.

4주간의 훈련이 끝나고 1990년 11월 1일, 나는 서울 서노회에서 목사 안수를 받는 동시에 신촌교회 단독 파송 선교사 후보가 되었다. 그런데 내가 전라도 사람이라는 이유로 한때 선교사 입양을 거절당했는데 어떻게 다시 선교사 후보가 될 수 있었을까?

오창학 목사님이 새벽에 기도하는데 이런 생각이 들었다고 했다.

'전라도 사람이기 때문에 우리 교회 선교사가 될 수 없다면 우리 교회는 세계 선교를 하지 말아야 한다. 지방색도 초월하지 못하면서 어떻게 세계 선교를 할 수 있단 말인가.'

목사님은 그날 바로 당시 선교부장 장로님을 만나 합의했고, 그렇게 해서 나는 신촌교회 선교사로 입양될 수 있었다.

전라도 사람이라는 이유 하나로 선교사 파송을 거절할 수 있다는 사실이 놀라웠지만, 그것이 선교지에 갔을 때 은혜가 되었다. 인디오 형제들은 500년 넘게 백인들로부터 멸시와 천대를 받지 않았는가. 내가 차별 받은 경험이 그들을 이해하는 데 큰 도움이 된 것이다. 더 나아가 나도 경험한 것이어서 그들에게 그럼에도 불구하고 용서하고 사랑하라고 가르칠 수 있었다. 그리고 그들의 상처를 싸매고 위로할 수 있었다.

1991년 1월, 총회와 자매결연을 맺은 브라질 장로교회로부터 초

청장이 왔다. 이때부터 나는 선교사 비자를 받기 위한 서류를 준비하고 브라질로 보내는 등 본격적인 파송 준비에 들어갔다.

그러던 어느 날 세계선교부가 나를 불렀다. 세계선교부 간사 한 분이 대뜸 왜 현지 정착금을 많이 요구해서 세계선교부를 곤란하게 하느냐고 따졌다. 나는 전혀 모르는 사실이었다. 나중에 들어 보니 신촌교회 오창학 목사님이 선교사 정착비로 2만 달러를 준비하라고 지시했는데, 당회원 중 한 분이 세계선교부에 전화해서 일반적으로 선교사 정착금이 얼마냐고 물어보면서 불거진 일이었다.

드디어 아마존으로 떠나기 며칠을 앞둔 1991년 3월 17일 주일 저녁, 세계선교부 부장님과 총무님이 파송예배를 주관하고 당시 서울 서노회 회장님이 축사를 해 주었다.

"북아메리카는 영국인들이 신앙의 자유를 위하여 떠났고 남아메리카는 포르투갈인들이 금을 찾아서 떠났으나 그 결과가 오늘날 매우 현저하다. 브라질에 가서 주님을 찾고 주님을 전하라."

이 말씀을 지금까지 가슴에 새기고 있다. 오창학 목사님은 선교사 파송을 받는 날 우리에게 태극기와 흙을 선물로 주었다.

1991년 3월 20일, 우리는 교회에서 내준 봉고차를 타고 김포공항으로 향했다. 공항에는 가족은 물론 신촌교회 성도님들이 나와서 배웅해 주었다. 오창학 목사님이 떠나는 내게 마지막으로 읽어 준 말씀은 이사야서였다. 앞으로 이 말씀이 우리의 선교 여정을 밝히는 등불이 될 것이었다.

> 나의 종 너 이스라엘아 내가 택한 야곱아 나의 벗 아브라함의
> 자손아 내가 땅 끝에서부터 너를 붙들며 땅 모퉁이에서부터
> 너를 부르고 네게 이르기를 너는 나의 종이라 내가 너를 택하
> 고 싫어하여 버리지 아니하였다 하였노라 두려워하지 말라 내
> 가 너와 함께함이라 놀라지 말라 나는 네 하나님이 됨이라 내
> 가 너를 굳세게 하리라 참으로 너를 도와주리라 참으로 나의
> 의로운 오른손으로 너를 붙들리라 사 41:8-10

마침내 비행기에 올랐다. 일본 나리타를 거쳐 LA에서 환승하여
상파울루로 가는 여정이 시작된 것이다.

상파울루에서의 훈련

정확한 정보도 없이 브라질 상파울루에 도착한 우리는 당황스러운 상황에 직면해야 했다. 우리는 상파울루에 도착해서 우선 나를 선교사로 부르신 이원경 목사님 댁에 머물게 되었다. 우리 가족이 머물 집을 알아봐야 했는데 1990년 말의 브라질은 높은 인플레이션으로 화폐개혁을 해야 했고, 그 탓에 월세가 아주 비쌌다. 이 목사님은 월세와 생활비가 만만찮다며 곧바로 아마존으로 가자고 했다.

상파울루에 머물면서 우리는 갈피를 잡지 못했다. 무작정 아마존으로 들어간다면 언어가 통하지 않을 것이 염려되었기 때문이다. 교회에서 정착비를 제공했다면 얼마 동안이라도 상파울루에 머물면서 언어 공부를 할 수 있을 텐데 당시 우리 수중엔 1개월 치 선교비밖에 없었다.

2주 후 상파울루 동양선교교회(한인 교회)의 창고방 하나가 비었다는 소식을 듣고 우리 가족은 일단 그리로 짐을 옮겼다. 교회에서 빌려 준 1인용 매트리스 두 개를 깔고 이민 가방 8개를 들여놓으니 발 디딜 공간도 없었다. 하는 수 없이 음식은 화장실에서 준비했다.

신촌교회에 상황을 설명하고 교회의 결정에 따르기로 하고 대답을 기다렸다. 일주일 후 교회에서 연락이 왔는데, 두 사람 몫의 언어 학교 등록비를 보낼 테니 일단 언어 공부를 하라고 했다. 하지만

1천 달러는 가져야 방 두 개짜리 아파트를 빌릴 수 있다 보니 우리 가족은 하는 수 없이 교회 창고에 계속 머물러야 했다. 얼마 후 브라질에 제일 먼저 파송된 선교사님 내외가 와서 "파송 받은 선교사가 남의 교회 창고에서 기거하다니 이게 말이 되는가? 당장 머물 곳이 생길 때까지 호텔로 가라"고 호통을 쳤다. 하지만 그럴 형편이 못 되었다.

우리의 불편을 안타깝게 지켜보던 김송자 전도사님이 자기 소유의 주택이 있는데 2층은 무너졌으나 1층은 그런대로 살 만하다며 그리로 거처를 옮기면 어떻겠냐고 제안했다. 우리로서야 교회에 폐만 끼치지 않으면 아무래도 좋았으므로 그러겠다고 했다. 그런데 교민 중 한 분이 자신의 아파트와 전도사님의 주택을 맞바꾸자고 제안했다. 그렇게 해서 우리 가족은 교회 창고에서 벗어나 아파트로 짐을 옮기게 되었다.

하지만 아파트로 거처를 옮기고 보니 창고보다 나을 것이 없는 환경이었다. 아주 낡은 데다 불결했고 주변 분위기가 으스스하고 무서웠다. 실제로 아파트에는 벼룩이 너무 많아서 아침에 일어나면 침대보가 피에 물들어 있었다. 온몸이 가려운 건 당연했다.

어떻게 하면 벼룩을 잡을까 고심하다 벌레 죽이는 약을 다량으로 뿌린 뒤 집을 하룻밤 비우면 좋다는 얘기를 듣고 그렇게 하기로 했다. 언어 학교 선생님의 도움을 받아 리우데자네이루로 버스를 타고 가서 하룻밤 잔 뒤 다음 날 아침 코파카바나 해변으로 갔다. 나는 아이들과 함께 바닷물에 몸을 담그고 오랜만에 한가한 오후를 즐겼다.

그런데 바닷가 모래밭에서 우리를 지켜보고 있던 허 선교사가 사색이 되어 나를 불렀다. 우리 가족의 전 재산인 1500달러와 상파울루로 돌아가는 항공권 네 장이 든 가방을 잃어버렸다는 것이었다. 잠깐 한눈판 사이에 일어난 도난 사고였다. 경찰서를 찾아 자초지종을 설명했으나 경찰은 도움을 줄 수 없다고 대답했다. 망연자실했으나 항공권만큼은 재발급 받아 겨우 상파울루로 돌아올 수 있었다. 우리는 그렇게 일찍부터 리우데자네이루의 위험성에 눈을 떴다.

허 선교사는 농촌 교회에서 그랬듯이 아파트의 찌든 때가 긴 바닥을 쓸고 닦고 반질반질 윤을 내고 오랫동안 닦지 않아 흐릿한 창도 말갛게 닦았다. 우리 가족은 허 선교사가 허구한 날 때 빼고 광을 낸 그 아파트에서 1992년 1월까지 약 10개월간 살았다. 다행히 우리 집 위층에 살던 이경복 목사님의 보살핌 덕분에 그곳 생활에 곧 적응할 수 있었다.

상파울루에서 아내와 나는 신촌교회에서 보내 준 학비로 외국인 선교사 언어 학교에 등록해 포어(포르투갈어)를 공부했지만, 아이들은 무작정 학교에 들어갔다. 수산나는 4학년, 지훈이는 1학년으로 들어가 포어를 한마디도 못한 채로 공부를 시작했다. 하지만 당시는 우리도 현지 적응에 급급해서 아이들이 겪었을 고통을 돌아보지 못했다. 시간이 한참 지나서야 아이들의 고충을 듣고 아이들에게 용서를 구하며 회개했다.

언어 학교는 1년 6학기 과정으로 이 기간 동안 문장 20개가 적힌 종이 80장을 모두 정해진 시간 내에 외우고 검사를 받아야 했다. 나는 매일 아침 아파트에서 지하철역까지 20분을 걷고 지하철을 타고 언어 학교가 있는 근처 역까지 간 뒤 거기서 다시 20분을 걸어가는 1시간여 동안 문장을 외웠다. 문장이 적힌 종이에 코를 박고 걷다가 전봇대를 들이받은 일도 여러 번이었다. 이원경 목사님이 아마존으로 오라고 해서 4학기만 마치고 그곳으로 들어가야 했지만 포어 공부는 즐거웠다.

내가 포어를 즐겁게 배울 수 있었던 데는 주님께서 포어를 쉽게 배우도록 먼저 내게 영어를 배우도록 준비시키신 덕분이다. 군입대를 앞두고 나는 당시 교제하던 허 선교사와 함께 카투사(한국에 주둔한 미국 군인들과 함께 근무하는 한국 군인) 입대를 위해 기도했다.

논산 훈련소에서 6주간의 훈련을 모두 마친 뒤 별이 쏟아지는 밤에 자대 배치를 받았다. 한 사람씩 이름이 불렸고 각자 서라는 줄에 섰는데, 비교적 적은 숫자가 선 우리 줄은 카투사로 간다고 발표했다. 나와 허 선교사의 기도에 주님이 정확하게 응답해 주신 것이다. 우리는 기도하고 잊어버렸지만 주님은 우리 기도를 잊지 않으셨다.

나는 카투사에서 3년간 미국인 목사님의 비서로 일했다. 주일 오후에는 같은 부대 내 한국인 카투사들을 대상으로 목회했다. 당시 영어에 능통한 건 아니지만 미국 군인들을 모아 놓고 성경도 가르쳤다. 이들 중 몇몇은 지금도 교제하며 지낸다.

이 3년간의 영어 훈련이 영어의 어근과 비슷한 포어를 공부하는 데 큰 도움이 되었다. 브라질 사람들이 포어를 하면 영어의 어근과 같은 단어를 대충 알아듣고 대화를 시도하는 식으로 포어를 배운 것이다.

상파울루에 있으면서 목사가 공석인 한인 교회에 초빙 받기도 했으나 나는 상파울루에 머무는 동안은 언어 공부에 전념하는 시간임을 명심하고 곁눈질하지 않았다. 물론 가끔 목회자가 없는 교회에 나가 설교를 하곤 했지만 그것도 낮 예배에만 강단에 섰다. 우리가 상파울루에 머무는 목적을 잊어버리지 않기 위해서였다.

한번은 내가 학교에서 돌아오니 아파트 현관문이 열려 있었다. 집 안에 들어가니 텔레비전을 비롯한 모든 전자제품이 사라지고 없었다. 대낮에 도둑이 든 것이다. 경찰서에 신고했으나 주변에선 찾을 가망이 없다고 했다. 얼마 후 전화선을 도둑맞아 2천 달러 이상의 전화 요금이 나오는 일도 일어났다.

상파울루 도착부터 주거 문제로 애를 먹고 도난 사고까지 잇따르니 당장에 아마존으로 간다고 해도 아쉬울 게 없었다. 지금 돌이켜 보면 만약 상파울루에서의 생활이 그런대로 괜찮았다면 아마존으로 가는 것을 꺼려했을 것이다. 중남미 최고의 도시이자 수만 명의 한국인이 거주하는 곳, 한국 음식도 풍부하고 교민에게 요청하면 언제든지 도움을 받을 수 있는 곳, 그러나 우리에게 상파울루는 고난의 골짜기였다.

그곳이 비록 고난의 골짜기였지만 우리에겐 샘이 있었다(시 84:6-7). 고난이 깊은 만큼 거기서 만난 고마운 사람들로 인해 은혜의 샘물을 길어 먹을 수 있었기 때문이다. 고난이 쓴 만큼 은혜의 샘은 달았다.

브라질 도착 후 처음 한 달 동안 동양선교교회의 창고방을 빌려 생활한 후 옮겨 간 아파트에서 아마존으로 가기까지 약 10개월간 우리는 동양선교교회 교인으로 예배에 참석했다. 담임목사님이 출타하면 설교단에 서기도 했다. 그렇게 만난 교인들에게서 우리는 하나님이 공급하신 시원한 생수를 맛본 것이다. 모두 평생에 잊을 수 없는 고마운 분들이다.

2장

아마존의
이방인

선교지를 향하여

|||

1992년 1월 말 우리 가족은 선교지 아마존으로 출발했다. 나와 허 선교사는 짐을 싸느라 아침 먹을 시간조차 없었다. 위층에 사는 이경복 목사님 사모님이 만두를 쪄 와서 허겁지겁 몇 개 주워 먹었다. 며칠 전부터 책과 옷가지들을 우체국으로 부치도록 도와준 상파울루의 김태현 장로님이 그날도 아침 일찍 와서 우리가 짐 싸는 걸 도와주었다. 짐을 다 꾸리고 보니 수하물로 보낼 수 있는 가방 외에 큰 가방이 8개나 되었다. 공항까지는 안정삼 장로님이 자동차로 태

워 주었다.

　그런데 비행기 탑승을 앞두고 작은 실랑이가 있었다. 김정숙 권
사님은 선교사들이 선교지로 출발할 때면 언제나 된장과 고추장을
정성껏 담아 주었다. 특별히 우리에게는 어머니 같은 마음으로 무려
20년간이나 된장과 고추장을 대주었다. 그런데 공항에서 권사님이
플라스틱 통에 넣어 준 된장이 문제가 되었다. 허 선교사가 잘하지도
못하는 포어로 한국 사람은 이것을 먹어야 하므로 이것만큼은 꼭 가

져가야 한다고 간청했다. 공항 직원이 수화물에 싣겠다고 해서 겨우 일단락되었다. 나와 허 선교사는 된장통을 빼앗기는 줄 알고 다리가 휘청거릴 만큼 놀랐지만 무사히 출발할 수 있었다.

푸른 양탄자가 끝없이 펼쳐진 것 같은 광대한 정글, 그 사이로 강이 뱀처럼 구불구불 흐르는 곳, 비행기에서 내려다본 아마존의 첫 인상은 너무 대단했다. 나는 공중에서 이 아름다운 풍광을 보면서 하나님의 놀라운 솜씨에 감탄했다.

우리의 사역지는 타바칭가(Tabatinga)와 벤자민 콘스탄치(Benjamin Constant) 지역이었다. 황색 강물이 흐르는 솔리모에스강(Rio Solimoes)을 따라 인구 4만 명이 사는 도시다. 이 도시를 둘러싸고 티쿠나(Ticuna) 인디오 부족이 생활하는 마을이 형성돼 있다. 티쿠나족은 브라질 아마존에서 가장 큰 종족 집단이다.

솔리모에스강은 아마존강의 본류 중 하나로 비록 강물은 황색이나 토지가 비옥하고 정글에선 생활에 필요한 목재를, 강물에선 물고기를 공급 받는다. 산란기에 특히 물고기가 많은데 카누를 타고 가다 보면 물고기들이 카누 안으로 뛰어 들어온다. 이곳 사람들은 강물이 빠지는 6개월 동안 여러 작물을 심어 풍성한 수확을 거둔다. 강변을 따라 백인의 후손과 인디오 부족이 혼혈한 히베이링요(Ribeirinhos)라 불리는 원주민들이 살아간다.

나는 아마존으로 들어갈 때만 해도 자신만만했다. 이유인즉 첫째는 언어가 가능하다는 것이었다. 상파울루에서 10개월간 살면서 배운 포어로 설교와 강의가 어느 정도 가능했다. 허 선교사가 나를 부러워하며 "당신은 물 만난 고기 같고 나는 물 떠난 고기 같다"고 한탄할 정도였다. 둘째, 나는 물것에 잘 물리지 않는다는 것, 셋째, 나는 마른 체질이라 더위를 잘 견딘다는 것, 넷째, 어떤 음식이나 잘 먹는다는 것이었다. 자신만만한 나에 비해 아내와 아이들은 몹시 두려워하면서 아마존에 들어갔다. 하지만 결과는 정반대였다. 아마존에 들어가고 나서 며칠 뒤 나는 더위에 지쳐 몸살을 앓았고, 허 선교사의 충고를 무시하고 반바지를 입고 다니다 물것들에 집중 공격을 당해 눈물이 날 만큼 고통을 겪었다. 레위기의 말씀대로 아마존은 교만한 나를 토해 버렸다.

> 너희도 더럽히면 그 땅이 너희가 있기 전 주민을 토함같이 너
> 희를 토할까 하노라 레 18:28

처참하게 무너진 뒤에야 나는 "내게 능력 주시는 자 안에서 내가 모든 것을 할 수 있느니라"(빌 4:13)는 말씀을 붙들고 "내게 능력 주시는 주님 안에서만 오늘 하루도 아마존에서 살아 낼 수 있습니다"고 납작 엎드렸다.

녹색의 지옥, 아마존

III

아마존은 결코 적응하기 쉬운 환경이 아니었다. 적도의 강렬한 햇빛이 만드는 폭염도 지치지만 강우량이 많아 낮에는 80%, 저녁에는 90%까지 올라가는 습도로 인해 몸을 추스르기 힘들다. 더구나 시간대별로 나타나서 온몸을 강타하는 독충은 정말이지 살인적인 고통을 가져다 준다.

이른 아침 해가 뜨고 1시간 동안은 메룽이라는 벌레가 물어댄다. 눈에 보이지 않지만 귓가에서 윙윙 소리를 내며 괴롭히는데 물리면 몹시 가렵다. 그 1시간 후부터는 뻬융이라는 벌레와 무뚜까가 물기 시작한다. 뻬융은 까맣고 아주 작은 벌레로 물리면 붉은 반점과 함께 부어 오른다. 무뚜까는 청바지같이 두꺼운 천이 아니면 옷을 뚫고 깊은 살을 문다. 물리면 많이 가렵고 큰 상처가 난다. 그런가 하면 풀밭에 기생하는 무꿍이라는 녀석은 신발을 타고 올라와 무릎이 접히는 부분과 사타구니 같은 부드러운 피부에 일주일간 기생한다. 이렇게 기생하면 붉은 반점이 생기고 가려움이 극심해서 고통스럽다. 해질 무렵엔 메룽이 다시 나타난다. 그리고 해가 지고 저녁이 되면 여러 종류의 모기들이 극성을 부린다. 말라리아, 뎅기열 등 갖가지 질병을 옮기는 모기들이다.

아마존의 이 같은 환경을 경험한 미국인들은 아마존을 녹색의 지옥(Green Hell)이라고 부른다. 그러나 사실은 폭염과 폭우, 높은 습도, 물것들은 하나님이 아마존을 보호하시는 방식이다. 지구의 허파라고 불리는 아마존이 이 같은 환경이 아니었다면 벌써 오래전에 훼손되었을 것이기 때문이다. 아마존은 지금도 여전히 태고의 신비를 간직한, 세계에서 가장 아름다운 정원으로 남아 있다.

분명히 아마존은 우리가 살기 힘든 환경을 갖고 있다. 가끔 아마존이 아닌 다른 곳을 여행하자면 더위로 땀을 흘리거나 독충들에 물려서 긁지 않고 하루가 수월하게 지나간다. 그럴 때 '내가 이런 곳에서 살면 얼마나 좋을까?'라는 생각이 자연스럽게 든다. 하지만 수월한 하루를 지나면서 나는 오늘 주님을 몇 번이나 찾고 도움을 요청했는지 헤아려 본다. 그제야 나는 깨닫는다. '아마존이 비록 어렵고 힘들어도 우리에게는 바로 은혜의 장소구나.' 그래서 우리 홈페이지의 이름을 '아마존 은혜의 강 선교회'(Grace River Amazon Ministries, GRAMIN)라고 붙였다. 아마존은 늘 새롭게 적응하는 곳이다. 환경에 결코 익숙해지지 않으므로 마음이 풀어지지 않는다. 그런 관계로 열심히 치열하게 살도록 주님께서 인도하신다. 주님은 지금까지 우리에게 최고의 장소에서 우리를 만나 주시고 축복하셨다.

아마존에 들어가서 가장 먼저 한 일은, 이원경 목사님의 사역지에서 그분을 도와 신학교를 세우는 일이었다. 당시 그곳에 있던 손영국 전도사님과 함께 모터보트를 단 카누를 타고 다니며 목재를 주문하고 목수들이 학교 짓는 일을 관리하고 감독했다. 그리고 주일에는 선배 목사님이 세운 인디오 마을의 예배당을 찾아 다니며 예배를 드렸다. 오전에는 이 교회, 오후에는 저 교회를 다니며 설교를 하고 성찬식과 세례식을 주관했다.

당시는 정글에서 벤 다량의 목재가 솔리모에스강을 따라 외부로 유통되고 있었다. 그래서 강에는 유실된 목재가 떠다니곤 했는데 모터보트나 카누를 타고 가다 잘못해서 목재와 충돌하면 뒤집혀서 큰 사고를 당할 수 있었다. 어느 주일, 아이들과 함께 순회예배를 드리러 카누를 타고 가는데 허 선교사가 이렇게 말했다.

"만일 달리는 모터보트가 강물을 떠다니는 통나무와 부딪쳐 뒤집혀 버린다면 아이들이 물속에 빠지리라. 나는 그들을 구하기 위해 물속으로 뛰어들고 그 아이들을 붙잡으리라. 만일 구하지 못한다면 그 아이들과 운명을 같이하게 될 것이다."

아마존에서 한국 음식을 먹는다는 것은 상상도 할 수가 없다. 대개는 현지식을 먹었고, 한식은 가끔 밥을 지어 식으면 펄펄 날아가는 안남미 쌀밥에 멀건 된장국을 끓여 먹는 게 고작이었다. 그렇게 수십 년이 지나자 김치도 다른 한국 음식도 잊어버렸다. 다만 몸이 아파서 식욕을 완전히 잃어버렸을 때 한국 음식이 간절하게 생각난다. 어쩌다 김치를 먹을 때면 내가 살아 있다는 느낌이 든다. 아들 지훈이는 한창 성장하는 나이여서 밥을 먹고 나서는 "엄마, 밥을 먹고 나면 왜 배가 더 고파" 하면서 빵을 먹곤 했다.

우리는 인디오 마을의 교회에서 예배를 드린 뒤 그들이 대접하는 점심을 먹었는데 처음엔 몹시 두려웠다. 하지만 그 두려움을 내색할 수 없어 점심시간이 고통스러웠다.

생선이나 동물을 잡아서 훈제한 고기와 고추, 개미 양념장을 소재로 탕을 끓여서 먹는 원숭이 개미 양념탕, 악어 개미 양념탕, 생선 개미 양념탕은 더 힘들었다.

사냥당할 때 고통이 커서일까? 손을 꽉 쥐고 있는 원숭이가 접시에 나올 때나 원숭이 머리를 대접 받을 때도 결코 쉽지 않았다. 그러나 형제들의 음식을 기쁘게 먹는 것이 내가 그들과 하나가 될 수 있는 가장 중요한 조건이었다. 그래서 힘들지만 먹었다. 특히 예배 후 서로 교제하며 마시는 마까세랴(Macachera) 주스는 막걸리 같은 색깔의 음료다. 붉은 포도주 빛깔의 주스도 대접을 받았다. 이 주스는 마시고 나면 이가 빨개져서 저항감이 컸는데, 지금은 '아사이 주스'로 전 세계에 알려져 있다.

과거에 외국인 선교사들은 우리나라 그릇이 너무 더러워서 밥을 주면 가운데만 파먹었다는 기록을 보고 신학교 시절 그들을 몹시 비판했다. 하지만 막상 선교사가 되고 보니 나도 그들과 다를 게 없었다. 우리나라에 파송된 선교사들처럼 나 역시 인디오 형제들과 즐겁게 음식을 나누기까지는 시간이 필요했다. 이제는 여러 형제들의 전통 음식들이 아주 맛있다. 특히 훈제한 생선에 개미 양념장과 고추를 넣고 끓이는 탕은 얼마나 맛있는지 우리 가족이 모두 좋아하는 별미 요리다. 모든 음식마다 독특한 맛이 있는데, 각종 탕에 화링야(farinha)를 집어 넣으면 국물 맛이 변하고 입맛이 돈다. 먹을 것이 없는데 못 먹을 음식은 없었다. 허 선교사와 나는 각오했다지만 아이들까지 내색하지 않고 그들이 준 음식을 받아먹은 것을 생각하면 참으로 대견하고 감사하다.

언어 차이로 생긴 오해와 갈등

|||

신학교가 개교하고 1년이 지나자 기혼자가 여러 명 입학했다. 그중 한 명이 부인과 아이들을 신학교에 데려오고 싶다고 했다. 하지만 기혼자를 위한 숙소는 따로 없었으므로 곤란해하자, 그가 집터만 허락해 준다면 자신이 집을 짓고 살겠다고 했다. 그래서 목재를 내주며 동료 신학생들에게 그가 집 짓는 것을 도와주라고 권면했다. 그런데 놀랍게도 단 한 명도 그를 돕는 사람이 없었다. 어느 날 허 선교사가 답답한 마음에 학생들에게 이렇게 토로했다.

"친구가 혼자 집을 짓는데 도움을 주어야 하지 않겠습니까? 당신들이 도움을 주지 않는 것은 마음에 도울 생각이 없기 때문이 아닙니까?"

그런데 학생들이 '마음이 없다'는 말을 '심장이 없다'는 말로 오해해서 거세게 항의를 했다. 포어로 마음은 심장(coracao)을 일컬었기 때문이다. 그런데 학생들이 그렇게까지 분노한 데는 뼈아픈 역사적 경험에 기인했다.

남미를 점령한 백인들이 "인디오는 들판에 뛰어다니는 영혼 없는 짐승이다" "좋은 인디오는 죽은 인디오밖에 없다"는 말을 하고 다녔다. 백인들의 멸시와 학대는 오랜 세월 인디오 부족들의 잠재의식 속에 분노를 키웠고, 그날 허 선교사가 말한 '마음'을 '심장'으로 오해한 이들은 오랜 역사적 감정을 터뜨린 것이다.

겨우 수습해 오해를 풀 수 있었지만 언어 장벽은 여러 곳에서 문제를 일으켰다. 특히 그들에게 사랑과 용서, 평화와 같은 개념을 이해시키기가 어려웠다. 누군가 진실한 사랑과 용서를 삶으로 보여주어야 비로소 이해될 개념이었다.

지금 생각하면, 우리가 그들의 언어를 이해하지 못해서 오해를 불러일으켰듯이, 우리 역시 그들의 언어를 우리 식으로 해석해서 오해했을 것이라 생각된다. 그로 인해 상처를 주고 상처를 받았을 것이다. 이 자리를 빌려 용서를 구한다.

브라질 사람들은 외국인을 부를 때 그들의 이름보다 그들의 나라를 이름처럼 부른다. 이를테면 나를 '꼬레아노'라고 부르는 것이다. 한국 사람들은 그들이 '꼬레아노'라고 하면 몹시 불쾌하게 여기는데 그들의 언어 습관일 뿐임을 알아야 한다. 이렇듯 선교 현장에서 무엇보다 중요한 것이 서로 다른 문화를 이해하고 존중하는 것이다.

차마 떨어지지 않는 걸음

|||

1993년 2월 말 신촌교회 오창학 목사님이 선교지를 방문했다. 일주일 동안 신학교에서 주변 인디오 마을 교회 지도자들 100여 명을 대상으로 집회를 인도해 주었다. 시집간 딸이 오랜만에 친정 아버지를 맞는 마음으로 우리는 목사님을 맞았다. 시간시간이 아쉬웠다. 그렇게 일주일을 보냈다. 우리가 드릴 말씀도, 목사님이 남기고 싶은 말씀도 다 끝나지 않았는데 일주일 집회가 끝나 버려 목사님은 떠나야 했다.

열흘간의 모든 일정을 마치고 목사님이 고국으로 돌아가는 날엔 비가 내렸다. 공항으로 가는 길가에 수북이 떨어진 분홍색 점보꽃이 이별의 아픔을 대변하는 것 같았다. 우리는 비행기 탑승장 근처까지 따라가서 오래도록 떠나가는 목사님을 하염없이 바라보았다. 한 손에 우산을 쥐고 묵묵히 길을 가던 목사님이 불현듯 돌아서더니 우리에게 와서 양복 주머니에서 200달러를 꺼내 허 선교사의 손에 쥐어 주고는 다시 돌아섰다. 그러는 목사님도 우리도 아무 말도 하지 못했다. 다만 눈가가 촉촉해질 뿐이었다. 목사님은 우리를 자신이 못한 선교를 대신해 주는 사람으로 여겼다. 신촌교회 선교사로 입양되는 순간부터 평생을 선대해 준 고마운 분이다.

겁쟁이를 보호해 주시는 하나님

|||

나는 어렸을 때 가끔 두 종류의 악몽을 꾸었다. 하나는 관에 든 시체를 보는 것이었고, 다른 하나는 뱀을 보는 것이었다. 그런 내가 뱀이 많은, 그것도 큰 뱀이 많은 아마존에서 살게 된 것이다.

아마존에는 수십 종의 뱀이 서식한다. 공해가 없고 뱀을 잡는 사람이 아무도 없는 까닭에 아마존은 그야말로 뱀 천지라고 할 수 있다. 사람과 염소를 통째로 삼키는 아나콘다, 한국의 살모사처럼 알을 낳지 않고 새끼를 낳지만 그 새끼가 어미를 잡아먹는 독사도 있다. 나는 치명적인 독사에게 물려서 다리를 절단한 사람들을 수없이 보았다. 급히 병원으로 옮겨지지 못해 죽은 사람도 많았다.

나는 자주 정글을 혼자 걸었다. 정글이 시작되는 강변에 있는 신학교 본관에서 사택으로 가려면 약 300m의 정글을 지나야 했기 때문이다. 내 몸엔 언제나 떼싸두라는 큰 칼이 있었다. 혹여 만나게 될

지도 모르는 뱀이나 표범과 같은 야생동물과 싸우기 위해서다.

하지만 하나님은 공포에 떠는 겁쟁이를 위해 특별히 아마존의 모든 뱀을 숨겨 주셨다. 아마존에 들어가서 3년 동안 내 눈으로 직접 목격한 뱀은 이미 죽은 코로아(coroa)라는 색깔이 현란한 독사가 유일했다.

평생을 괴롭히던 무좀이 낫다

|||

나는 중학교 때부터 여름이 시작되는 6월부터 8월 말까지 발의 무좀으로 고생했다. 병원에 입원도 하고 갖가지 방법을 강구했지만 소용없었다.

1991년 상파울루에서 무좀이 발생했다. 우리가 공부하던 선교사 언어 학교에는 쏘냐라는 중국인 한의사가 있었다. 그때 인연을 맺어 그녀와 우리 가족은 자주 왕래하며 지냈다. 우리가 상파울루로 휴가를 가면 쏘냐는 자기 집을 내주고 김치를 구해 와 먹여 주었다. 안타깝게도 지금은 연락이 끊겼지만 늘 감사한 마음이다.

하루는 쏘냐가 무좀이 난 내 발에 침을 놓아 주더니 내게도 침을 놓는 자리를 알려 주었다. 이후로 나 혼자 침을 놓았는데, 놀랍게도 수십 년간 나를 괴롭히던 무좀이 사라졌다. 사실 아마존 선교사가 되기로 작정했을 때 가장 염려되었던 것이 무좀이었다. 습도가 높은 아마존에서는 무좀이 더 극성일 것이기 때문이다. 실제로 쏘냐를 만나지 않았다면 무좀 때문에 한국에 돌아갈 생각을 했을지도 모른다.

주님은 우리의 약함을 잘 아시는 분이다. 우리의 약함을 당신의 능력으로 보호하시고 치료해 주신다. 주님의 은혜는 우리를 그분에게로 인도하신다. 죄를 회개케 하고 죄로부터 돌아서게 하신다. 그러나 한편으론 우리를 광야로 데려가서 당신의 참 사랑을 계시하시기도 한다.

무엇이 우선순위인가?

|||

하루는 한국 장신대 제3세계 지도자 과정에서 1년 반 동안 동학하던 다미방 산토스 목사님이 결혼식을 올린다는 소식을 전해 왔다. 상파울루 동양선교교회 당회장 목사님이 결혼식 주례를 서기 위해 아마존에 온다고 했다. 그래서 내가 1박 2일 동안 목사님을 모시고 다니며 선교지를 보여 드리기로 했다. 마침 허 선교사가 여행 중이어서 집에는 수산나와 지훈이만 있었다.

그런데 수산나가 며칠 전부터 열이 나면서 심히 아팠다. 병원에 갔더니 의사가 간염 같다고 했다. 다음 날이면 목사님을 모시고 선교지를 다녀야 하는데 아픈 딸을 두고 가자니 차마 발이 떨어지지 않았다. 혹여 내가 집을 비운 사이 딸이 잘못되기라도 하면 어쩐단 말인가.

혼자 심각하게 갈등하다가 결국 당회장 목사님과의 약속을 지키기로 했다. 그러는 동안 딸은 간염이 더 진행되어 결국 상파울루로 나가 병원 치료를 받아야 했다. 지금 생각하면 딸에게 너무 미안하고 부끄럽다. 아무도 돌봐 줄 사람이 없는 줄 알면서도 약속을 지키러 집을 나선 무정한 아버지였던 것이다.

나는 허 선교사와 아이들이 온몸이 벌레에 물려 피와 진물로 범벅이 되어 땀을 뻘뻘 흘리는 모습을 볼 때도 일부러 외면했다. 가족의 고통을 통감하면 마음이 약해져 한국으로 돌아가고 싶을까 겁이 났기 때문이다. 그때 "너무 고생이 많구나. 우리 함께 고통을 잘 견디자. 미안하다" 했으면 가족들이 얼마나 위로를 받았을까? 그때는 마음 약해지지 않으려고 사역에만 몰두했는데 지금 돌이켜 보면 너무 후회가 된다.

당시 나는 영적인 소경이었다. 내가 존경하는 계백 장군처럼 아니 그보다 더 충성된 하나님의 종이 되는 것에만 관심을 가졌을 뿐 가족의 고통은 돌아보지 않았다. 아마존 인디오 형제들의 아픔은 돌아보면서 가족의 아픔은 외면했다. 가족은 내가 돌봐야 할 약자가 아니라고 생각했던 것이다. 이 얼마나 이율배반적인 모습이란 말인가.

내가 그토록 악한 사람이었음을 깨달았을 때는 아이들이 장성해서 내 곁을 떠났고 아내는 병을 얻어 세상을 떠난 뒤였다. 우리 속담에 소 잃고 외양간을 고친다는 말이 있다. 소를 잃기 전에 외양간을 고치라는 말이다. 이미 소도 없는데 외양간을 고쳐서 무엇 하랴?

3장

씨 뿌리는
시간

떠나야 할 때

|||

내가 상파울루에서 언어 공부를 마치고 벤자민 콘스탄치로 들어갈 때부터 선배 이원경 목사님은 "내가 은퇴하면 이 신학교를 김 선교사에게 물려줄 것이다"고 여러 번 말했다. 나는 그 말을 내게 용기를 주려는 덕담으로 흘려들었다. 주님의 뜻이 거기에 있다면 그렇게 될 것이고 아니라도 상관이 없다고 생각했다. 나는 무엇보다 복음이 전해지지 않은 미전도 종족을 찾아 나선 선교사가 아닌가.

1993년 11월 말 선배 목사님이 전화해서 상파울루 일류 대학에서 공부하고 장신대 신학대학원을 마친 1.5세 선교사가 아마존에 들어오게 되었다는 소식을 전했다. 그 순간 나는 "때가 되었다. 너는 여기를 떠나라"는 주님의 음성을 들었다.

신학교가 방학에 들어가자 브라질 호라이마주(Roraima) 주도(州都)에 있는 메바(Missao MEVA)라는 선교단체를 찾았다. 제2기 사역을 위한 선교지를 소개 받기 위해서였다. 오래전부터 LA에서 거주하는 여성 사업가가 이. 선교단체를 후원하고 있었다.

우리가 소개 받은 곳은 야노마미 부족이 거주하는 뚜꾸싱이라는 마을이었다. 백인들과의 접촉이 없었던 이 마을에는 약 500명이 살고 있었다. 우리는 뚜꾸싱에서 가까운 메바 선교회 기지까지 항공 선교회 비행기를 타고 갔다. 야노마미 부족은 브라질과 베네수엘라의 오리노코강 주변까지 거주하고 있으며 모두 3만 5천여 명에 이른다. 브라질 호라이마주와 아마조나스주에 이 부족 1만 9천여 명이 살고 있다.

　　뚜꾸싱의 야노마미 부족은 남녀 모두 위에는 아무것도 걸치지 않고 성기만을 가리는 옷을 입었다. 남자는 성기 위에 노끈을 묶어서 술을 내렸고, 여자는 목화로 된 노끈을 10cm쯤 풀어서 만든 한 겹 치마를 입었는데 기혼자는 두 겹 치마를 입었다.

　　여자는 첫 번째 월경이 지나면 결혼이 가능한데, 엄마의 나이가 어려서 아기를 키우면서 동시에 엄마도 자라는 경우도 많았다. 다른 부족에 비해 몸이 왜소하며 눈 색깔이 갈색이나 피부는 더 흰 편이다. 주변에 샛강이 흐르지만 잘 씻지 않는다. 백인들과의 접촉이 없어서인지 백인만 보면 도와달라고 말했다.

　　뚜꾸싱 지역의 야노마미 부족은 사람이 죽으면 시체를 나무에 매달아 물이 빠지기를 기다렸다가 나무를 쌓아 놓고 시체를 화장한다. 그런 다음 뼈를 거두어 빻는다. 사냥을 해서 음식을 만든 다음 고인의 지인들을 불러 먹고 애곡을 한 다음, 빻아 둔 뼈를 바나나죽에 타서 마시는 것으로 장례식을 마친다.

나는 허 선교사에게 윗옷을 벗고 그곳 사람들처럼 두 겹 치마로 앞만 가릴 수 있겠느냐, 뼛가루를 마실 수 있겠느냐고 물었다. 허 선교사는 그들처럼 아래만 가릴 수도 있고, 뼛가루도 함께 마시겠노라 했다. 하지만 나는 뼛가루는 도저히 마시지 못하겠다고 했더니 허 선교사는 "그럼 당신은 선교사도 아니다"고 했다. 허 선교사는 인디오 형제들의 삶에 눈높이를 맞추는 것이 선교사의 숙명이라고 믿었다.

우리는 뚜꾸싱 지역을 위해 우리가 해야 할 사역을 정리했다. 먼저 그들의 언어로 번역된 성경을 만들어야 했다. 그러려면 그들의 언어학을 공부해야 했다. 이는 평생을 두고 해야 할 사역이었다. 둘째는 그들에게 실질적인 도움을 주기 위해 간호보조사 자격증을 취득하는 것이었다. 이는 휴가를 맞아 한국에 나갔을 때 도전해 볼 만했다.

우리는 설렘 반 두려움 반으로 뚜꾸싱 지역에 들어가기로 마음먹었다. 그들이 백인들과 접촉하지 않았다는 사실이 적이 염려되었지만 한편으론 한국을 출발할 때부터 품었던 미전도 종족 복음 사역을 드디어 하게 되었다는 사실에 설렜다.

뚜꾸싱 지역으로 들어가기 전 우리는 한국을 다녀왔다. 휴가를 떠날 겸 총회 세계선교부와 신촌교회에 그동안의 사역과 새로운 사역을 보고하기 위해서였다.

내가 이전의 신학교를 떠날 수 있었던 것은 무엇보다 모든 면에서 나보다 탁월한 선교사가 합류하기로 예정되어 있었고, 20명의 학생들이 말씀으로 변화되어 소명을 키워 가는 것을 확인할 수 있었기 때문이다. 나는 감사와 기쁨으로 제2의 사역지로 떠날 수 있었다.

선교사로 출발한 첫 3년 동안 주님은 평생 선교사로 사역하는 데 필요한 모든 은혜를 베풀어 주셨다. 선교사에게 가장 중요한 장비인 언어를 배우도록 기회를 주셨다. 어떻게 선교해야 하는지를 선배 이원경 목사님으로부터 배우게 하셨다. 언어와 문화 차이로 인한 갈등과 외로움, 아마존 환경의 열악함을 자아를 죽이는 훈련으로 기뻐하며 받아들이게 하셨다.

한국에서 보낸 6개월

III

한국으로 첫 휴가를 나왔을 때 나는 신촌교회에 그동안의 사역과 제2기 사역을 위한 계획을 보고했다. 그런데 뜻밖에도 내가 포부를 가지고 세운 모든 계획이 수포로 돌아가게 생겼다.

"만일 선교사님이 부족들에게 살해당하면 누가 가족을 책임집니까? 언어학을 공부하고 말을 배우고 문자를 만든다니 선교사님이 세종대왕입니까? 우리는 선교사님이 3년 동안 무엇을 했는지 모르겠습니다."

교회 측에서 이렇게 말하는 것이었다. 세계선교부에도 도움을 요청했으나 후원 교회가 허락하지 않으면 방법이 없다고 했다. 우리가 더 쉽고 편안한 곳에 가서 사역을 하겠다는 것도 아닌데, 아니 오히려 더 어려운 지역에 가서 미전도 부족들을 전도하고 성경을 번역하겠다는데 박수갈채는커녕 도리어 반대하고 나서니 이해할 수 없었다. 당시 한국 교회의 선교에 대한 이해는 이처럼 많이 부족했다.

한번은 당회에 초대를 받아서 들어갔다. 나는 제2기 선교 계획을 적은 인쇄물 아래에 지난 3년간 장로님들이 내게 연락 한 번 한적 있느냐는 항의성 글을 적어 넣었다. 선교에 대한 이해 부족과 이런 갈등들로 인해 신촌교회 당회는 더 이상 우리를 후원하지 않겠다고 결정했다.

당시는 주님이 그 일을 허락하셨다는 것을 몰랐기에 당회를 비난했는데 그 일은 나의 큰 실수였다. 나중에 나를 대신해 오창학 목사님이 장로님들에게 사과했다는 말을 듣고 민망하고 죄송했다. 오창학 목사님은 거기에 그치지 않고 매월 당회에서 얼마만이라도 후원하여 협력 선교사로 유지하자고 장로님들을 설득했다. 그러느라몇 달이 흘렀다.

나는 한국에 들어오자마자 주님이 제2기 사역의 문을 열어 주시기를 기도하며 간호보조사 학원에 등록했다. 매일 아침 돈암동 근처 간호보조사 학원에 가서 공부하고 오후에는 안암동 고대 병원에 가서 실습을 했다. 그렇게 해서 마침내 자격증을 손에 넣을 수 있었다. 한국에 온 목적이 휴가였건만 휴가도 없이 공부만 하다 시간을 다 보낸 것이다. 나는 그렇게 한 것이 나의 성실함의 증거라고 생각해서 뿌듯해했다.

어느 날 신촌교회 김상형 장로님이 새벽기도회에 다녀온 뒤 소파에서 쉬고 있는데 불현듯 이런 말씀을 들었다고 한다.

"내가 하는 일을 인간의 잣대로 재지 마라."

이후 장로님이 당회에서 나를 브라질로 다시 돌려보내야 한다고 강력하게 주장해서 당회의 여론이 반전되었고, 이를 표결에 붙인 결과 과반수로 통과가 되었다. 그런데 조건이 붙었다. 첫째, 야노마미 부족을 대상으로 선교하는 지역에 들어가지 못한다. 둘째, 위험이 없는 안전한 곳에 가서 사역한다. 셋째, 신촌교회는 매월 생활비는 지원하되 프로젝트에 대해서는 지원하지 않는다. 이 세 가지 조건을 받아들여 우리는 브라질로 돌아가게 되었다.

한국에 있는 6개월 동안 정말 힘든 시간을 보냈다. 신촌교회 선교사를 사임하고 싶을 때도 많았다. 주님의 뜻이라면 다른 교회를 통해서라도 이뤄 갈 것이라고 믿었기 때문이다. 주님이 부르셨으므로 주님께서 책임지실 것이라고 믿었다.

하지만 내가 사임하지 않은 이유는 교회가 처음 단독으로 선교사를 파송한 뒤 그 기쁨을 누리다가 중단하면 낙심하여 이후로는 선교에 대한 열정을 잃게 된다고 들었기 때문이다. 내가 신촌교회 선교사를 사임하는 것은 쉬운 일이나 이후의 후폭풍이 염려되어 끝까지 사임만큼은 하지 않았다.

지금 돌이켜 보면 주님의 인도하심이라고 믿는다. 주님의 교회를 위하여 우리가 권리를 주장하지 않고 포기할 때 주님이 영광을 받으신다. 그 어떤 것보다 주님이 중요하며, 그분의 뜻이 이루어지는 것이 중요하다. 이를 위해 우리가 할 일은 자신을 부인하고 십자가를 지는 것이다.

선교사로 파송되고 나서도 우리는 안식년을 맞아 여러 번 한국에 들어왔다. 두 번째, 세 번째 안식년은 길면 3개월가량씩 머물렀다. 그런데 언제나 안식년은 사역할 때보다 힘들었다. 무엇보다 온 가족이 함께 머물 숙소가 없었기 때문이다. 친척 집에서 신세를 지거나 교인들이 집을 비워 주기도 했지만, 이도 저도 여의치 않으면 여관이나 백주년기념관, 여전도회관 등을 전전했다. 도움을 준 교회와 후원자들에게 일일이 인사를 전해야 했으므로 일찍 출국할 수도 없었다.

특히 아이들에게 힘든 일이었다. 주님은 이미 떠난 한국도 선교지도 세상의 그 어떤 곳도 영원히 머물 수 없음을 가르치시는 듯했다.

그들이 나온 바 본향을 생각하였더라면 돌아갈 기회가 있었으

려니와 그들이 이제는 더 나은 본향을 사모하니 곧 하늘에 있

는 것이라 이러므로 하나님이 그들의 하나님이라 일컬음 받으

심을 부끄러워하지 아니하시고 그들을 위하여 한 성을 예비하

셨느니라 히 11:15-16

개인 전도로 씨를 뿌리다

|||

제2기 사역 계획은 수포로 돌아갔지만 우리는 우여곡절 끝에 브라질로 돌아올 수 있었다. 나는 브라질로 돌아가는 비행기에서 주님께 이렇게 기도했다.

"주님, 당신께 두 손을 듭니다. 당신은 십 수년 동안 부족한 종을 인도하셨습니다. 이제 다시 브라질로 돌아갑니다. 우리가 매월 받는 생활비는 적습니다. 그러나 당신이 친히 인도하실 것을 믿고 감사하며 주님을 바라봅니다."

허 선교사는 우리의 사역지에 수산나와 지훈이를 위한 학교가 없을 것으로 예상하고 아이들을 데리고 LA로 갔다. 선교사 자녀들이 공부하는 학교에 입학시키기 위해서였다.

나는 브라질에 돌아와서 가장 먼저 브라질 장로교회에 소속된

선교사로서 브라질 선교회가 방문하라는 선교지 세 곳을 방문하고 보고서를 썼다. 그리고 선교지가 정해지기까지 마나우스 경찰공원에 나가 개인 전도를 하기 시작했다. 처음엔 성경책을 가지고 하다가 나중에는 사영리를 가지고 했다. 주로 공원 벤치에 혼자 앉아 있는 사람을 대상으로 전도했는데, 여러 사람이면 말씀에 집중하기 힘들기 때문이다.

한 사람당 40분이 걸렸는데 아침 9시에 나가면 오전에 네 사람, 오후에 네 사람에게 복음을 전할 수 있었다. 어떤 날은 하루 8명 중에서 6명이 영접기도를 했다. 주님을 영접한 사람에겐 가까운 교회를 소개해 주었다. 이미 교회를 다니는 사람들에겐 구원의 확신을 위한 말씀을 전했다.

내가 경험한 바에 따르면, 예수님을 구주로 영접하는 사람들은 대개 과거에 여러 번 전도를 받은 사람들이었다. 그동안 거절하긴 했으나 이미 말씀이 심겨져서 자라고 있었던 것이다. 그러니 나보다 먼저 복음을 전한 사람은 밭을 일구고 복음의 씨앗을 뿌린 것이고, 나는 주님이 자라게 한 결실을 거두게 된 것이다. 그러므로 복음을 전하다 낙심할 필요가 없다. 복음을 전하는 사람은 내가 아닌 다른 사람에 의해 결실할 것을 믿고 전적으로 주님께 맡겨야 한다.

그럼에도 결실을 거둘 때는 감사함으로 기뻤지만, 결실이 적을 때는 낙심이 되었다. 하지만 낙심도 유익한 것은 그럴수록 더욱 더 주님께 매달리며 기도하기 때문이다. 전도는 하면 할수록 잃어버린 영혼을 향한 마음이 간절해진다. 입술을 열어 복음을 전하는 일과 삶을 통해 복음을 증거하는 일만이 그리스도인으로서 내가 살아야 할 이유임을 더 절실하게 마음에 새기게 된다. "볼지어다 내가 세상 끝날까지 너희와 항상 함께 있으리라"(마 28:20)고 하신 주님이 전도하는 나에게 능력을 더하시는 것을 알게 된다. 이때의 개인 전도는 훗날 새로운 사역지에서 교회를 개척했을 때 큰 도움이 되었다.

주님의 교회를 위하여
우리가 권리를 주장하지 않고 포기할 때
주님이 영광을 받으신다.

아마존 사역은 인간적인 눈으로 보면
시간 낭비요 자원 낭비 같아 보인다.
하지만 그것은 한 마리 양을 찾기 위해 길을 나선
주님을 따르는 일이다.

Part 2

종교적 야망이라는
전차를 타고

4장

여호와 이레
아마존

주님이 예비하신 선교지

|||

1995년 2월 25일, 나는 새로운 사역지로 지명된 썽가브리에우 다 까쇼에이라(Sao Gabriel da Cachoeira)를 방문했다. 마나우스 장로교회의 선교부원들이 썽가브리에우 다 까쇼에이라 지역에 인디오 부족이 가장 집약적으로 거주한다고 알려 주었기 때문이다.

당시 썽가브리에우에서 사역하는 선교사에게 연락해서 방문 소식을 알린 다음 마나우스 공항에서 8인승 택시 비행기를 탔다. 8인승이지만 자매 한 명을 더 태워서 그녀는 의자가 아닌 곳에 앉아서

갔다. 그런데 문제는 비행기가 기압 차로 갑자기 아래로 떨어질 때 멀미가 몹시 났다. 더구나 의자가 아닌 곳에 앉아 가던 자매가 멀미로 인해 구토를 해서 그 냄새가 견딜 수 없었다.

마침내 3시간이 걸려 썽가브리에우에 도착했다. 거기서 승합차를 타고 20분을 더 갔다. 점심때에 도착해서 혼자 식당에 들어가 점심을 먹는데 바우떼이르 선교사님이 찾아와서 자기 집으로 가자고 했다. 그렇게 해서 그의 집에서 2박 3일을 머물게 되었다.

그날 밤 바우떼이르 선교사님 집에 정글에서 일하던 여러 명의 선교사가 찾아왔는데, 그들은 무엇보다 인디오 신학교가 필요하다고 내게 피력했다. 그 이유는 세 가지였다.

첫째, 당시 부족들과 함께 일하던 선교사들이 그들의 선교본부에 두 번 공식적으로 인디오 지도자를 위한 신학교 건립을 허락해 달라고 요청했으나 거절당했기 때문이다.

둘째, 광대한 선교 지역과 곳곳에 산재한 위험 요소, 아직 남겨진 많은 미전도 부족들, 급격히 감소하는 선교사 숫자 때문이었다.

남북한 면적의 약 세 배가 되는 아마존 검은강 유역은 육로는 전혀 없고 수로만 있다. 급류가 휘몰아쳐 흐르고 폭포가 쏟아지는 등 검은강 주변에 산재한 약 80곳의 위험 지역이 이 지역 여행의 장애물이 되고 있다. 그런데 이 지역에는 아직도 복음을 듣지 못한 열일곱 미전도 부족들이 있었다. 광대한 선교지와 위험 요소들 때문에 제한된 브라질인 선교사들이 모든 부족에게 복음을 전하기에는 역부족이었다. 더구나 아마존 선교사 숫자가 급격히 줄어들고 있었다.

선교사 숫자가 줄어든 이유는, 브라질 정부가 인디오 사역을 원하는 외국인 선교사에게 비자를 허락하지 않았고, 브라질 선교사 후보들은 모두 외국으로만 몰리고 있기 때문이었다. 그러므로 선교 현지에서 부족 출신의 목사와 선교사를 양성할 필요가 있었다.

셋째, 이미 복음을 전해들은 다섯 부족들도 자유분방한 성 문화로 문제가 컸고, 예배의 형식은 있으나 재생산과 생명력을 상실하고 있었다.

이런 이유로 그들은 신학교를 세워 인디오 선교사를 양성하고 복음이 전해진 부족들의 재복음화를 위해 힘써야 한다고 내게 토로했다.

쌩가브리에우를 방문하고 나서 나는 쌩가브리에우가 주님이 예비하신 선교지이며 그곳에서 내가 적절히 사용될 것 같다는 믿음이 생겼다. 하지만 두 가지가 걸렸다.

하나는, 그렇게 작은 비행기를 늘 타야 한다면 내 몸이 감당하기 힘들 것이다. 돌아오는 길에도 멀미로 엄청 고생한 데다 돌아온 후에도 이틀간 두통으로 고통스러웠던 까닭이다. 다른 하나는, 신학교를 세우려면 무엇보다 선교비가 필요했다. 하지만 내겐 그럴 만한 능력이 없었다.

이 같은 염려로 주님께 눈물을 흘리며 기도하는데, 주님이 건강도 비용도 해결해 주시겠다는 감동이 마음에 들었다. 그래서 이렇게 고백했다.

"주님, 저는 불가능합니다만 당신이 함께하시면 가능합니다."

여호와 이레

III

1995년 3월 말, 명성교회 김삼환 목사님이 아르헨티나, 페루, 칠레, 브라질 상파울루에서 연합집회를 가졌다. 마지막 일정으로 2박 3일간 마나우스 여행을 할 때 김삼환 목사님 일행을 가이드해 달라는 요청을 받았다. 목사님은 한국으로 돌아가는 날 새벽에 호텔에서 새벽기도를 인도한 뒤 내게 선교 보고를 요청했다.

"내가 김 목사를 만나기 위해 여기까지 온 모양이다."

내 선교 보고를 듣고 나서 목사님이 한 말이었다. 그러면서 2천 달러짜리 수표를 써 주는 것은 물론 동행한 장로님으로부터 현금 5천 달러를 달라 해서 내게 주었다. 신학교 건립에 꼭 필요한 돈이었다.

얼마 후 내가 마나우스에 머물고 있을 때 썽가브리에우에서 사역하는 선교사님에게서 신학교 부지로 딱 좋은 땅이 나왔다며 전화가 왔다. 도시에서 9km가량 떨어진 만큼 대지가 넓고 주변의 상황과 달리 신기하게도 그 땅에는 전기 시설이 되어 있다고 했다. 실제로 가 보니 20마리의 소가 한가로이 풀을 뜯는 목초지가 펼쳐져 있었다. 대지 구입비는 내가 김삼환 목사님에게 받은 돈 7천 달러보다 약 1만 2천 달러가 더 필요했다. 1994년 3월 말 한국에 휴가를 가던 길에 상파울루 동양선교교회의 문명철 목사님을 만났는데 그때 목사님이 "김 목사가 다음 사역을 할 때, 도울 기회가 되면 협력하고 싶다"고

한 말씀이 생각나서 연락을 드렸다. 문 목사님이 주선해서 고 최봉상 장로님과 안정삼 장로님으로부터 부족한 돈을 후원 받았다.

1995년 4월 중순에 가로 800m, 세로 2000m 대지를 구입하였다. 썽 가브리에우 지역과 멀리 떨어져 있어서 백인과의 접촉이 없고, 사방 이 정글로 둘러싸여서 인디오 마을의 환경과 흡사한 곳이었다. 무엇 보다 땅이 넓어 마을에서 하던 노동을 계속할 수 있어서 제격이었다.

주님은 이렇듯 전혀 예상하지 못한 통로를 통해 신학교 설립을 위한 대지를 구입하게 하셨다. 함께 협력하는 여섯 명의 브라질인 선교사들과 함께 그곳에서 감사예배를 드린 뒤 신학교 건립을 위하 여 매월 일정액의 돈을 헌금하고 매주 기도회를 가졌다. 내가 썽가 브리에우 다 까쇼에이라에 정착할 것을 결정하자, 브라질 장로교회 국내선교부는 나를 장로교회 아마조나스 노회 소속으로 활동하게 해 주었다.

썽가브리에우 다 까쇼에이라는 적도가 통과하는 아마존강의 본 류라고 할 수 있는 검은강 상류에 위치해 있으며, 브라질 아마조나 스주와 콜롬비아, 베네수엘라가 국경을 맞대고 있는 곳에 있다. 아 마존의 중심 도시 마나우스에서 비행기로 2시간 반이 걸리며, 수로 로는 건기에는 5일, 우기에는 4일이 걸린다. 인구는 약 4만 5천 명으 로 도시를 둘러싸고 23개 인디오 부족이 500개의 마을을 이루어 살 아가고 있다.

검은강 유역에는 금과 함께 여러 광물이 풍부하다. 산으로 둘러싸여 있고 하얀 백사장이 펼쳐져 있으며 강 중간중간 섬들이 떠 있어 매우 아름답다. 하지만 그 땅은 산성이라 박토인 데다 검은강에 물고기가 많지 않아 인디오 형제들은 늘 식량 부족으로 고통을 당한다.

허 선교사는 나중에 이곳에 와서 깜짝 놀랐는데 이유인즉슨 이렇다. 예전에 타바칭가와 벤자민 콘스탄치에서 사역할 때 혼자 마음속으로 이런 생각을 했다고 한다.

'만일 주님이 선교지를 옮겨 주신다면 독충이 적은 곳이었으면 좋겠습니다. 제가 좋아하는 산이 있으면 좋겠습니다. 강물이 좀 깨끗했으면 좋겠습니다.'

그런데 썽가브리에우는 과연 그런 곳이었다. 다른 아마존 지역과 비교하면 썽가브리에우는 독충이 아주 적은 편이다. 또 다른 아마존은 산이 없는데 산도 많고 비록 강물 색깔은 검지만 수질이 좋다. 주님은 속으로 생각한 것마저 응답하시는 참 좋으신 분이다.

교회를 개척하다

|||

신학교 대지를 구입한 뒤 우리는 썽가브리에우로 이사를 했다. 하지만 아직 특별한 사역이 주어진 게 아니었으므로 개인 전도를 했다. 인디오 형제가 모이는 곳이면 어디든 찾아갔다. 인디오 형제들이 가장 많이 모이는 곳은 강변에 위치한 그들의 임시 숙소였다. 시청에서 건축한 곳으로 오랫동안 보수하지 않아 비가 새고 냄새가 지독했다. 사람들은 해먹을 걸고 누워 있거나 앉아 있었다. 나는 자주 그곳을 찾아가 미리 연습하고 간 부족의 노래를 불렀다. 그러면 그들의 관심이 집중되었는데 이때 복음을 제시했다.

그밖에 이곳을 드나들며 알게 된 경찰서장 베르네 호지(Wener Rodhe)의 배려로 죄수들에게 복음을 전하는가 하면, 병원에서 치료받은 뒤 회복하는 시설인 '인디오의 집'에 있는 인디오 형제들을 찾아가기도 했고, 군인병원 면회 시간을 이용해 복음을 전하기도 했다. 이곳들은 나중에 내가 개척한 교회의 사역지가 되었다.

복음을 듣고 결신한 사람들이 주일이면 나를 찾아와 예배를 드리자 했다. 나를 통해 주님을 영접한 이들을 위하여 목양의 필요를 느꼈고, 그래서 교회를 개척하기로 했다.

옥합을 깨뜨리는 헌신

|||

브라질인 친구가 예배 처소 몇 군데를 추천했다. 그중 한 곳이 마음에 쏙 들었는데 넓은 대지에 목조 건물 두 채가 세워져 있었다. 큰 건물은 예배당으로, 작은 건물은 사택으로 사용하면 좋을 듯했다. 시내 중심가는 아니나 두 길이 합쳐지는 사각지대에 있고 주변에 교회도 없었다.

수중에 돈도 없는데 친구는 주인에게 매매 의향을 물었고, 주인은 처음엔 작은아들 몫으로 남겨 둔 곳이라며 거절하더니 얼마 후 생각을 바꿔 팔겠다고 연락을 했다. 문제는 돈이었다. 무려 3만 헤알(REAL)로 당시 3만 달러가 넘는 돈이었다.

궁리 끝에 상파울루의 김태현 장로님에게 사정을 말했다. 전에 신학교 땅을 구입할 때 장로님한테 계약금을 잠시 빌린 적이 있는데, 당시 장로님이 다음에 자신도 헌금할 기회를 달라고 했던 것이 생각나서 연락을 한 것이다. 장로님은 부인 권사님과 의논한 후 다음 날 연락해서 3만 달러를 헌금하겠다고 했다. 김태현 장로님이 여유가 있어서 그런 거금을 헌금한 것은 아니었다. 브라질에 이민 온 지 10년 만에 아파트 한 채를 장만했으며, 결코 넉넉한 살림이 아니었다. 예수님을 위해 향유 옥합을 깬 마리아와 같은 결단이었던 것이다. 그랬기에 그런 거금을 헌금한다고 했을 때 놀라웠고 감사했고 한편으로 죄송했다.

감사하게도 3만 헤알에 팔겠다던 주인이 5천 헤알을 깎아 주었고, 우리는 그 돈으로 건물을 수리했다. 1995년 6월 25일 수리가 마무리되지 않은 채로 예배를 드리기 시작했다. 그동안 내가 전도한 사람들 20여 명이 우리 교회 교인으로 출석했다. 첫 주일, 예배가 무엇인지부터 설명했다. 그들은 지금까지 한 번도 예배를 드려 본 적이 없었기 때문이다.

사택이 수리되기 전까지 나는 선교회 숙소에서 교회까지 걸어서 45분여 거리를 하루 두 번씩 오고 갔다. 한 번은 건물 수리 진행 상황을 보기 위해서였고, 또 한 번은 병원 면회 시간을 이용한 전도를 위해 병원에 갔다 오는 길에 들렀다.

걸어 다니면서 만나는 모든 사람에게 인사를 했다. 어떤 사람에겐 길에서 복음을 전했다. 사실은 우리 수중에 오토바이 한 대도 구입할 돈이 없어서 걸어 다닌 것이지만, 그로 인한 유익이 더 컸다. 당시 동네 사람들이 나를 두고 일본인 정치가가 표를 얻기 위해 동네를 돌아다닌다고 수군거렸다. 하지만 나는 표를 얻기 위해서가 아니라 도리어 하나님 나라에 들어가는 티켓을 소개하기 위해 걸어 다닌 셈이 되었다.

아름다운 사람, 방지일 목사님

|||

1996년 12월 성탄절 주간에 방지일 목사님이 아마존에 와서 일주일 동안 머물렀다. 방지일 목사님은 내가 10년 전 농촌 교회를 목회할 때 먼 길을 마다 않고 와서 말씀을 전해 주신 분이다. 10년 전에 75세였으니 당시는 85세였다. 그런 노구를 끌고 상파울루에 거주하는 손연희 전도사님과 장로님 한 분과 함께 나도 멀미가 나서 견딜 수 없었던 택시 비행기를 타고 아마존까지 찾아온 것이다. 목사님의 방문은 내게 평생 잊을 수 없는 위로이자 격려였다.

방 목사님은 과거 중국 선교사로 나갔었는데 당시 자전거를 타고 다니며 사람들과 교제하고 복음을 전했다고 한다. 하지만 그렇게 활보하고 다니는 자유는 10년 동안이었다. 이후 10년은 가택 연금되어 교인들이 던져 주는 음식으로 연명해야 했다. 당신은 그렇게 고생했으면서도 당시 내게 자동차가 없는 것을 매우 안타까워했다.

목사님은 아마존에 머무는 일주일 동안 하루도 빠지지 않고 새벽예배 시간에 말씀을 전했다. 퇴행성 관절염으로 한쪽 다리가 불편해서 지팡이를 짚고 다니면서도, 40℃를 오르내리는 아마존의 더위에도, 정장 차림으로 설교단에 오르고 신학교 부지 등을 방문했다.

"김 목사, 얼마나 많은 일을 하느냐가 중요한 것이 아니라 얼마나 순종하느냐가 중요하다네."

목사님이 해 준 이 말씀은 내가 평생 마음에 심고 수시로 돌아보며 나를 점검하는 말씀이 되었다. 목사님은 선교의 풍성한 열매는 사역의 크기에 있는 것이 아니라 주님을 향한 헌신과 영혼을 향한 사랑이라는 걸 선교지 중국에서 깨달았다고 했다. 목사님이 몸소 보여 준 그 아름다운 모습, 나는 이후로 신앙인으로서, 목회자로서 한 발 한 발 내디딜 때마다 목사님의 자취를 확인하곤 했다.

실로암교회의 헌신

|||

1995년 당시 허 선교사는 아이들 교육을 위해 LA에 있었고 나만 썽가브리에우에서 사역을 하고 있었다. 그런데 10개월 가까이 혼자 있으면서 나는 밤에 잠을 이루지 못하는 불면증과 함께 우울증을 앓게 되었다. 혹시 선교에 방해가 될까 봐 내 사정을 아무한테도 말하지 못한 채 혼자 힘겨운 싸움을 했다.

"주님, 어떻게 하면 이 우울증과 불면증에서 벗어날 수 있습니까? 저를 도와주십시오."

아무리 기도해도 소용없었다. 매일 밤 출구 없는 전쟁을 혼자 치렀다.

그렇게 수개월이 흐른 어느 날, 문득 '내가 왜 잠을 못 자지? 마귀가 내게 두려움을 심어 주고 있구나, 두려움은 실재가 아닌데 내가 실재가 아닌 것으로 고통당하고 있구나'라는 생각을 했다. 순간 주님의 빛이 임함을 느꼈다. 마귀의 정체가 폭로되는 순간 나는 그 두려움이 아무것도 아니라는 것을 깨달았다. 그날 밤 나는 이렇게 선포했다.

"마귀야 괜찮다. 내가 잠을 못 자도 괜찮다. 나는 네가 주는 두려움에 잡히지 않겠다."

그날부터 나는 우울증과 불면증으로부터 해방되었다. 부족한 잠도 끝을 알 수 없는 외로움도 이겨 낼 수 있었다.

그렇게 내가 우울증으로 홀로 싸움을 하고 있을 때 허 선교사는 LA에서 20일간 금식기도를 했다. 그녀는 마룻바닥에서 잠을 잤다. 홀로 남겨 두고 온 나에 대한 미안함 때문이었다. 나중에 그 얘기를 듣고 나는 속상해서 "당신 미쳤어? 당신이 잘 있는 것이 내게 기쁨이야"라고 소리쳤지만, 과연 허 선교사다웠다. 내가 믿고 의지하는 내 아내다웠다.

허 선교사가 작정한 금식기도가 끝나기 전에 LA 다우니에 있는 실로암교회의 조창훈 목사님으로부터 전화가 왔다. 그때까지 일면식도 없는 분이었다.

지난 4월에 명성교회 김삼환 목사님과 상파울루 두 분 장로님을 통해 신학교 부지를 구입했고, 김태현 장로님을 통해 교회 개척까지

할 수 있었으나, 조창훈 목사님이 아마존을 방문하기 전까지 더 이상 진전 없이 신학교 부지는 그대로 방치되고 있었다.

허 선교사를 통해 아마존을 방문한 목사님은 우리의 계획을 듣고는 돌아가 이를 위해 모금을 하겠다고 약속했다. 그때만 해도 나는 실로암교회가 어떤 교회인지, 규모가 얼마나 되는지 전혀 몰랐다. 나중에 도움을 받고 나서 교회를 방문해 보니 고작 100명이 모이는 작은 교회인 데다 교회 건축 후 부채가 남아 있는 어려운 교회였다. 그런 교회에서 1년 동안 12만 달러를 모금해 준 것이다. 거기에는 조창훈 목사님의 사례비가 포함되어 있었다. 1년 동안 허리띠를 졸라매며 생활하면서 사례비를 선교비로 헌금한 것이다.

뜻밖의 고난

|||

1995년 12월 허 선교사와 아이들이 브라질로 돌아왔다. 아이들은 마나우스 시내에 있는 선교사 자녀들이 다니는 학교에 입학하게 되었다. 그런데 문제가 생겼다. 마나우스에 중학교 3학년으로 들어온 수산나가 졸업 후 모 선교회 소속의 선교사 자녀학교에 입학하려 했으나 영어 실력이 부족해 학교에서 받아 줄 수 없다고 한 것이다. 생각지 못한 낭패였다. 당시만 해도 한국인 선교사가 많지 않다 보

니 자녀를 위한 대안이 전무하다시피 했다.

고등학교 진학에 실패한 수산나는 허 선교사와 함께 집에서 십자수를 놓았다. 마음의 고통을 한 땀 한 땀 수놓는 것 같았다. 수산나보다 허 선교사가 더 고통스러워했는데, 마음의 고통이 몸으로까지 나타나 위경련을 일으키더니 마침내 치료를 위해 한국으로 돌아가야 할 지경이 되었다. 나는 매일 밤 예배당 안을 돌면서 "주님, 주님"만 부를 뿐이었다.

하지만 그 시간은 수산나가 아마존 아이들을 이해하고 사랑하는 시간이 되었다. 처음엔 원망하는 마음이 없지 않았겠지만 주님은 수산나의 마음을 돌려놓으시고 단련해 가셨다. 역시 주님의 생각은 우리의 생각보다 크고 뛰어나시다.

선교의 풍성한 열매는
사역 크기에 있는 것이 아니라
주님을 향한 헌신과 영혼을 향한 사랑에 있다.

5장
개가 짖어도
기차는 달린다

검은강 상류 신학교

|||

실로암교회에서 보내 준 헌금으로 신학교 건축이 본격화됐다. 기숙사와 선교사 숙소까지 건축할 수 있었다. 그런데 도시에서 9km 떨어진 신학교까지 가려면 자동차가 필요했다. 우리 교회 개척 시 도움을 준 반들레이 선교사님이 운전석 옆에 두 사람이 타고 뒤에 짐을 많이 실을 수 있는 픽업트럭(pick-up truck)을 구하라고 조언했다. 듣고 보니 일리가 있어서 하나님께 기도했더니 신학교 개교를 앞둔 일주일 전에 김태현 장로님이 픽업트럭을 구입해 주었다. 언제나 필

요를 채워 주시는 주님께 감사하고 언제든지 마음을 다해 섬겨 주는 장로님께 감사한다.

한편, 신학교 정관 중에 상임이사회의 과반수가 브라질인이어야 한다는 대목이 있는데, 해석하기에 따라서 문제가 생길 수 있겠다 싶었다. 만에 하나의 일이지만, 상임이사회 과반수가 찬성하고 공동의회에서 다시 과반수가 찬성하면 신학교가 해체되거나 재산이 처리될 수 있었던 것이다. 혹여 나중에 이런 일이 생긴다면 선교지

재산이 개인의 소유가 될 소지가 매우 높았다. 여러 달 이 때문에 회의를 하다가 실로암교회 조창훈 목사님과 상의해서 정관을 조정했다. 상임이사는 썽가브리에우에 거주하지 않아도 될 수 있으며, 과반을 넘겨야 하는 브라질인에는 브라질 영주권자나 시민권자도 포함될 수 있다고 조정한 것이다. 그렇게 해서 브라질인 창립 멤버와 우리 내외와 상파울루 한인교회 목사님 두 분이 상임이사로 초대되었다.

1997년 3월 21일, 마침내 12명의 입학생과 함께 검은강 상류 신학교(Instituto Biblico do Alto Rio Negro)가 문을 열었다. 우리 신학교는 미전도 부족의 선교에 치중하며, 그들의 영혼 구원뿐 아니라 교육과 건강, 전인 구원에 힘썼다. 이를 위해 인디오 부족 문화를 존중하고 그들 한 사람 한 사람이 하나님이 귀하게 여기시는 소중한 존재임을 주지했다. 신학교 건립도 이 목적에 따른 것으로, 그 세부적인 계획은 이랬다.

첫째, 인디오 목회자를 양성한다.
둘째, 일반 학교 과정을 통해 교육 기회를 더 제공한다.
셋째, 지역 교회 목회자들을 재교육하고 훈련한다.
넷째, 졸업한 신학생들로 하여금 여전히 복음을 듣지 못한
마을에 가서 선교하게 한다.

다섯째, 졸업생들로 하여금 그들의 언어로 된 성경을 번역하게 한다.

개교식에는 실로암교회 조창훈 목사님을 비롯해 상파울루 신일교회의 박동실 목사님, 상파울루 연합교회의 김장호 목사님과 박정우 장로님이 오셨다. 많은 인디오 형제들도 참여해서 자리를 빛내주었다. 이 자리에서 인디오 형제들의 간증이 이어졌다. 그들은 오래전부터 성경을 공부하고 싶어서 신학교를 세워 달라고 하나님께 기도했다면서 비록 자신들은 그럴 수 없었지만 이제 자녀들이라도 신학교에서 공부할 수 있게 되어 너무 기쁘다고 간증했다.

나는 그들의 얘기를 들으면서 지금까지 한 걸음 한 걸음 신학교를 세워 오신 주님의 발자취가 느껴졌다. 인디오 형제들의 마음을 열어 복음을 심으시고 성경에 대한 열망을 주셔서 기도하게 하시고, 이러저러한 손길을 합하여 땅을 구입하고 마침내 건물을 올려 신학교를 여신 주님의 섬세하고 세심한 손길… 그제야 내가 이곳에 들어오기까지의 과정도 주님의 손길이었음을 알았다.

제1기 사역을 마치고 한국에 돌아가 야노마미 부족 언어로 된 성경을 번역하고 싶다는 제2기 사역에 대한 계획이 거절당했을 때 참으로 낙담했었다. 하지만 주님은 당신의 자녀들이 신학교를 열어 달라는 기도에 응답하시고 우리를 이곳으로 이끄셨다. 그런 주님의 역사에 동참할 수 있다는 사실이 얼마나 감격스러운지, 얼마나 감사한지 모르겠다.

예배당을 새로 짓다

111

　1998년 초부터 교인들 사이에서 예배당을 새로 건축하자는 의견이 나왔다. 1995년 6월 25일 첫 예배를 드린 뒤 교인들이 늘어서 예배당이 비좁아진 탓이다. 더구나 목재 건물 지붕엔 박쥐들이 살았고 시간이 지날수록 목재가 썩는 것이 심각해져서 신축이 필요했다.
　허운석 선교사가 예배당 밑그림을 그렸다. 여러 달 다른 교회 사진들과 비교해서 우리 상황에 맞는 예배당을 설계한 것이다. 브라질의 교회 건물은 전혀 교회스럽지 않았다. 언뜻 봐선 교회인 줄 모르고 지나치기 십상이었다. 우리는 교회스럽게 짓기를 원했다. 그러면서 공간 활용을 효율적으로 하길 바랐다. 기도하며 허 선교사가 그린 밑그림을 설계사에게 맡겼다.
　우리는 예배당을 짓기 전에 마음에 성전이 건축되어야 함을 강조했다. 그래서 전 교인에게 더 열심히 기도하고 말씀 읽고 전도하며 건축헌금을 하자고 독려했다. 하루 세끼도 제대로 먹지 못하는 가난한 인디오들이지만 한마음으로 동참했고, 매주 토요일이면 전

교인이 모여 기초공사를 하는 등 공동 노동을 했다. 그런 다음 당시 쎄지오 선교사님에게서 소개 받은 상파울루에서 온 전문 목수 두 사람에게 공사를 맡겼다.

우리가 외국인이다 보니 교회 건축을 맡기면서 계약하고 흥정할 때 어려움이 따랐다. 정보를 몰라 혹시 속임을 당하지 않을까 염려되기도 했다. 이때 엘리야스 선교사님이 우리를 대신해 계약을 하고 흥정을 해 주어 무사히 공사를 마칠 수 있었다. 우리가 예배당을 건축할 때 도움을 준 여러 교회와 성도님들을 영원히 잊지 않고 감사하며 축복할 것이다. 특히 미국 댈러스의 이현수 형제는 직장 일 외에 아르바이트를 하면서까지 건축 헌금을 했다.

2000년 11월 26일 저녁, 마침내 교회 건축을 마치고 입당식을 가졌다. 아직 바닥도 유리창도 전기 공사도 되지 않은 채였지만, 신촌교회 오창학 목사님과 홍만석 장로님이 아마존까지 와서 축하해 주었다.

교회 바닥은 언제나 큰일을 맡아 헌신해 주는 브라질 교인 안또니아의 헌금으로 공사를 마무리할 수 있었다. 천장은 입혔으나 창이 뚫린 상태여서 비가 오면 빗물이 들이쳐 예배당이 흥건해지곤 했는데, 신촌교회 김상형 장로님이 1만 달러를 헌금해 주어 창틀과 유리를 끼울 수 있었다. 김상형 장로님은 우리가 다시 브라질로 올 수 있도록 힘써 준 고마운 분이다. 우리는 일마다 때마다 아낌없이 도와

주신 김태현 장로님과 김상형 장로님께 깊이 감사하며 우리 교회를
그분들 이름의 기념 교회로 명명하는 한편, 교회 역사를 기록한 동
판을 걸었다.

1999년 초부터 신학교 내에 채플이 필요하다는 인식이 넓게 형
성되고 있었다. 고향과 가족을 떠난 학생들이 마음을 쏟아 놓을 공
간이 필요했던 것이다. 더구나 1년에 두 차례 갖는 '지도자 계속 교
육'을 위해서도 공간이 필요했다.

채플 설계는 신학교 사역자들과 회의를 통해서 결정했다. 갑
론을박 끝에 허 선교사가 그린 밑그림이 채택되었다. 채플 건축은
1999년 3월 허 선교사가 한국을 방문했을 때 명성교회 김영주 집사
님이 1천만 원을 헌금하고 새문안교회 김경애 집사님이 도움을 약
속해서 실행에 옮길 수 있었다. 허 선교사는 이때도 20일 금식기도
로 채플 건축을 간구했다.

2000년 11월 29일, 아마존 검은강 상류 신학교의 제1회 졸업식
을 채플실에서 갖게 되었다. 이로써 아직 완공되지 않은 상태에서
헌당식을 가진 셈이었다. 그날 신학생 12명이 졸업했는데 손님이 많
아 채플실이 모자랄 정도였다. 신촌교회 오창학 목사님과 홍만석 장
로님, 상파울루 동양선교교회 황은철 목사님과 연합교회 김홍섭 집
사님도 먼 길을 달려와 축하해 주었다.

허 선교사는 매일 새벽 4시에 채플실에 가서 기도했다. 새벽 6시

에 새벽기도회가 열리는데 그보다 먼저 가서 기도의 불을 놓았다. 평생 기도에 목숨을 건 여인이었다.

신학교와 함께 교회의 건물들까지 현재 총 17개의 건물은 우리 내외의 금식과 철야기도의 응답이었다. 건물이 필요할 때마다 우리 부부는 눈물로 주님께 필요를 고했다. 1995년 썽가브리에우 다 까쇼에이라에 들어왔을 때 우리를 돕겠다고 나선 곳은 상파울루 동양선교교회와 김태현 장로님이 유일했다.

비록 금식과 철야기도라는 힘든 과정이 있었지만, 그러고 보면 우리는 주님이 직접 관리하시는 선교사였던 셈이다. 주님은 우리에게 필요가 생길 때마다 후원해 줄 교회와 후원자를 보내 주셨다.

> 네가 들어가 차지하려 하는 땅은 네가 나온 애굽 땅과 같지 아니하니 거기에서는 너희가 파종한 후에 발로 물 대기를 채소밭에 댐과 같이 하였거니와 너희가 건너가서 차지할 땅은 산과 골짜기가 있어서 하늘에서 내리는 비를 흡수하는 땅이요 네 하나님 여호와께서 돌보아 주시는 땅이라 연초부터 연말까지 네 하나님 여호와의 눈이 항상 그 위에 있느니라 신 11:10-12

나는 주님이 이른 비와 늦은 비를 직접 내리는 땅처럼 주님의 직접적인 도움을 받는 선교사다. 이보다 더 큰 축복이 어디 있으랴.

그런데 나는 이 때문에 자고해졌다. 쉽게 후원을 받아 선교하는 선교사들보다 내가 더 축복 받은 선교사라고 자만했다. 그런데 과연 그런가? 아니다. 주님이 직접 관리하는 선교사든 후원하는 단체에 의해 관리 받는 선교사든 하나님 나라를 위해 일한다는 점에서 우리는 다 똑같은 주의 종이다. 주님은 솔로몬의 손을 빌려 지은 성전을 "너희가 이 성전을 헐라 내가 사흘 동안에 일으키리라"(요 2:19)고 말씀하셨다. 내가 주님 앞에서 내세울 수 있는 것이 무엇이겠는가. 그분의 도구로 쓰임 받은 것 외에 없지 않은가. 그렇게 하고도 무익한 종임을 고백해야 하지 않겠는가. 하지만 나는 자고하여 내가 유익한 종인 줄 착각했다.

양철 지붕의 노래

|||

교회 부지에 있던 15평 내외의 목조 건물이 우리가 기거할 사택이었다. 구조 변경을 해서 방 세 개를 만들었는데 아내와 쓰는 안방이 어찌나 좁은지 장롱문이 침대 귀퉁이에 닿았다. 그런가 하면 양철 지붕에서 쏟아지는 열이 어찌나 뜨겁던지 낮 12시면 40℃가 넘었다. 비 오는 날이면 여기저기서 비가 샜다. 한밤중에 비가 오는 날이 가장 곤란했는데 집 안 구석구석 새는 곳을 찾아 대야를 받쳐 두어야

했기 때문이다. 우리는 그 목조 건물 양철 지붕에서 9년을 살았다.

늘어난 교인들로 인해 예배당을 벽돌 건물로 재건축한 뒤 우리는 교회 공동의회 자리에서 교인들에게 예배당 뒤편 땅 얼마를 기증해 줄 것을 요청했다. "이젠 나이가 들어서 목조 건물에서 더위를 견디는 것이 너무 힘들다. 그러니 벽돌 건물로 사택을 건축하고 싶다"고 말하였다. 더불어 그 땅값을 당시 시세로 지불하겠다고 했다. 내 말을 들은 교인들은 너무 미안하고 감사하다며 모두 고개를 숙이며 기쁨으로 동의해 주었다. 그래서 사택 건축을 시작하게 되었다.

그런데 우리는 이때도 지붕을 양철로 덮었다. 이유인즉, 우리 교인 모두가 양철 지붕에서 살기 때문이다. 주변의 선교사들이 왜 기와를 얹지 않느냐고 만류했지만, 우리는 교인들이 감수하는 불편을 우리도 똑같이 감수해야 한다고 생각했다.

돌이켜 보면 허 선교사가 9년 동안 목조 건물과 열악한 환경에서 살아서 암에 걸린 게 아닐까 싶다. 좀 더 빨리 목조 건물에서 나와 벽돌집을 지어야 했던 게 아니었을까 싶다. 가족이 쉴 만한 공간을 먼저 마련하고 사역에 힘써야 했던 게 아닐까? 하지만 종교의 자유를 찾아 미국으로 떠난 청교도들이 사택 대신 먼저 예배당을 지었다고 들었다. 선교사로서 예배당이 아닌 내 집부터 짓는 것이 부끄러웠다. 그런 내 생각을 누가 잘못되었다고 말할 수 있을까? 하지만 자아가 완전히 죽지 않았는데 그게 과연 순수한 생각이었을까? 청교도들처럼 훌륭한 선교사가 되고 싶다는 욕심, 성자처럼 기억되길 바라는 욕심뿐이지 않았겠는가?

개가 짖어도 기차는 달린다

||| .

교회를 개척했을 때만 해도 특별한 일 없이 사역이 순조로웠다. 하지만 신학교 개교 후부터 여기저기서 문제가 발생했다.

신학교 내에 소가 20마리 있었는데 1년 새에 뱀에 물려서 죽고 허리를 다쳐서 죽는 등 네 마리나 죽었다. 대형 버스가 우리 픽업트럭을 들이받는 사고가 났고, 인디오 마을을 향하던 보트가 정글에 처박히는 사고도 났다. 수산나와 지훈이가 선교사 자녀 학교 진학에 실패했고, 동료 브라질인 선교사의 젊은 아들이 죽는 일도 일어났다. 더구나 아들을 잃은 이 동료 선교사가 다른 브라질인 선교사와 갈등하다 신학교를 나갔다. 그 후로 그는 베네수엘라와 콜롬비아, 브라질의 인디오 마을들에 나와 우리 교회와 신학교를 비방하는 편지를 보냈다. 그는 내가 예배당에 십자가를 걸고 성탄절에 촛불을 장식한 것을 두고 이단이라고 공격하면서 인디오 형제들에게 나를 반대하고 거절하라고 종용했다.

감사하게도 계속된 시련과 고통 중에도 교회와 신학교는 오히려 더 굳건해졌다. 교인들과 신학생들은 주님이 우리와 함께하심을 더 확신할 수 있었다. 느헤미야가 예루살렘성을 건축할 때 사방에서 모함하고 두렵게 했으나 한 손에 칼을 들고서라도 성을 수축했듯이 우리도 그런 심정으로 그 위기를 넘겼다.

> 산발랏과 도비야와 아라비아 사람들과 암몬 사람들과 아스돗 사람들이 예루살렘성이 중수되어 그 허물어진 틈이 메꾸어져 간다 함을 듣고 심히 분노하여 다 함께 꾀하기를 예루살렘으로 가서 치고 그곳을 요란하게 하자 하기로 느 4:7-8

가장 큰일은 인디오 형제들이 그 선교사의 선동으로 나를 이단, 무당, 적그리스도, 천주교 신부라는 이름을 붙여서 반대하는 것이었다. 한번은 미국에서 온 의사와 치과의사를 모시고 모터보트로 3일 걸려 인디오 마을에 의료 사역을 하러 갔더니 마을에 아무도 없었다. 무슨 일인가 했더니 적그리스도인 나를 만나면 모두 살해당할 것이므로 나를 피해 마을을 비운 것이었다.

또 신학교가 방학을 한 7월에 인디오 마을 교회 지도자들 100명을 초대하여 교육하는 계획을 했는데 개강을 하고 보니 10명 남짓 참석했다. 강사로 모신 실로암교회 조창훈 목사님께 면목이 없었는데 목사님은 이렇게 말할 뿐이었다.

"개가 짖어도 기차는 달립니다."

그렇다. 초대교회는 물론 지난 역사에서 하나님 나라가 확장되는 것을 두려워하는 세력들의 끈질긴 핍박과 반대가 얼마나 집요했던가. 그러나 역사의 주인은 하나님이시므로 하나님 나라의 확장은 막을 수 없다.

처음에 나는 도와주지는 못할지언정 인디오 부족의 연합을 깨는 동료 선교사의 악의적인 행동에 분노했다. 공개적으로 그를 모함하고 비난하지는 않았지만 마음으로 증오했다. 복수하고 싶은 마음이 들었다. 예수님은 마태복음에서 "또 네 이웃을 사랑하고 네 원수를 미워하라 하였다는 것을 너희가 들었으나 나는 너희에게 이르노니 너희 원수를 사랑하며 너희를 박해하는 자를 위하여 기도하라"(마 5:43-44)고 하셨으나 말씀을 따라 절대 순종하기가 너무 힘들었다. 그런데 주님께서 내게 방법 하나를 가르쳐 주셨다.

박해가 시작되면서부터 내가 그를 미워하였고 복수하고 싶었던 악을 사건별로 보여 주시며 회개하라고 하셨다. 그가 거짓말과 갖은 방법들로 나를 괴롭힐 때부터 내가 품었던 미움을 모두 토하고 회개했다. 용서하고 축복했다. 그리고 나는 회복되었다. 그 후로도 핍박이 계속되었지만 담담히 받아 낼 수 있었고, 그 악이 내 마음을 상하게 하지 않았다. 후에 주님께서 내게 가르쳐 주시기를 그는 내 교만을 다스리려고 보낸 주님의 도구였다고 하셨다.

자식을 떼어 놓고

III

1997년 10월 조창훈 목사님과 실로암교회의 도움으로 수산나와 지훈이가 미국에서 공부할 수 있게 되었다. 수산나는 10학년(고 1)에, 지훈이는 중학교에 입학했다. 허 선교사는 미국에 가기 전에 수산나에게 운전을 가르쳤다. 미국 생활을 하려면 운전이 필수였기 때문이다.

아이들을 미국에 보내 놓고 추수감사절이나 성탄절, 새해에 부모 없이 둘만 지낼 것을 생각하면 마음이 아팠다. 허 선교사는 아이들과 이별하는 것이 나보다 더 힘들었을 텐데 "부모가 없는 아이들을 생각하면 그래도 너희는 부모가 있지 않느냐? 잘 견디어라. 오늘 겪는 어려움이 훗날 너희들 삶에서 능력으로 나타나게 될 것이다" 면서 아이들의 약해지는 마음을 다잡기 바빴다. 허 선교사는 언젠가 말하기를, 아이들을 만나러 미국에 갈 때는 둘이 얼마나 외롭게 지냈을까 생각하면서 울었고, 아이 둘을 미국에 두고 아마존으로 돌아올 때는 남편인 내가 그동안 혼자 얼마나 힘들었을까 생각하며 울었다고 했다.

허 선교사는 벧세메스로 가는 암소(삼상 6:10-18)와 같은 순종으로 주님의 뜻을 따라 아마존으로 왔고 자신을 번제로 드렸다. 돌아보면 가장 가까운 아내와 아이들 마음도 헤아리지 못하고 사랑하지 못한 것이 너무나 후회가 된다. 사실 사역이 내게 우상이었다. 사역을 위해서라면 가족은 무시해도 괜찮다고 생각했다. 자꾸 연약해지는 마음을 잘 다스리고 주님께 충성하면 주님이 아이들을 잘 키워주실 것이라고 믿었고 또 그렇게 기도했다. 많은 위대한 믿음의 선조들도 주님을 위해 가족을 희생하지 않았던가 하고 스스로 위안 삼았다.

투기와 분쟁으로도 복음이 전파된다

|||

그즈음 우리 교회와 신학교를 비방하던 옛 동료 선교사가 외국인 선교사를 불러서 신학교를 열었다는 소식이 들렸다. 하지만 그는 이후로도 마치 그것이 사명이라도 되는 듯 우리를 비방하고 다녔다. 규모로나 신학생 수로나 우리보다 훨씬 작은 그 신학교는 나중에 결국 문을 닫았다는 소식을 들었다.

어떤 이들은 투기와 분쟁으로, 어떤 이들은 착한 뜻으로 그리스도를 전파하나니 이들은 내가 복음을 변증하기 위하여 세우심을 받은 줄 알고 사랑으로 하나 그들은 나의 매임에 괴로움을 더하게 할 줄로 생각하여 순수하지 못하게 다툼으로 그

리스도를 전파하느니라 그러면 무엇이냐 겉치레로 하나 참으
로 하나 무슨 방도로 하든지 전파되는 것은 그리스도니 이로
써 나는 기뻐하고 또한 기뻐하리라 이것이 너희의 간구와 예
수 그리스도의 성령의 도우심으로 나를 구원에 이르게 할 줄
아는고로 나의 간절한 기대와 소망을 따라 아무 일에든지 부
끄러워하지 아니하고 지금도 전과 같이 온전히 담대하여 살든
지 죽든지 내 몸에서 그리스도가 존귀하게 되게 하려 하나니

빌 1:15-20

　　사도 바울은 투기와 분쟁으로 그리스도를 전파하더라도 결국은
주님을 전파하는 것이니 기뻐한다고 말하고 있다. 그런데 나는 그
신학교와 경쟁에서 이기고 싶었다. 그 선교사의 신학교보다 우리 신
학교가 더 잘되어야 한다고 생각했다. '우리 신학교의 규모가 더 크
니까, 사역자들 후원을 더 잘할 수 있으니까' 하는 악한 마음을 품었
다. 내가 전에 그토록 비판하던 제국주의적 선교를 내가 하고 있었
던 것이다. 입으로는 하나님 나라를 세운다 하면서 속으로는 그 나
라를 헐고 있었던 것이다.

선의를 오해해서 생긴 스캔들

III

어느 날 모 선교회에서 전화가 왔다. 어느 여 선교사가 나와 꼭 이야기를 나누고 싶다는 것이었다. 내가 지금 바쁘니 전화로 통화했으면 좋겠다 했지만 막무가내였다. 최근에 정신적인 문제가 있어 병원에 입원했다는 말까지 듣고는 아무리 바빠도 심방 가지 않을 수 없었다.

그런데 여 선교사의 행동이 몹시 의심스러웠다. 굳이 자동차에 들어가서 얘기하겠다고 고집을 피웠다. 자동차에 들어갔더니 기도해 달라 해서 눈을 감았더니 내 손을 꼭 잡는 것이 아닌가. 급히 손을 빼려 했으나 더 세게 잡고는 손가락까지 움찔거렸다.

서둘러 기도를 마치고 집으로 돌아왔는데 다시 선교회에서 전화가 와서는 그 여 선교사가 나를 짝사랑해서 정신분열증에 걸렸다고 했다. 맙소사! 이게 무슨 일인가?

그로부터 이틀 뒤 선교회가 소형 비행기를 대절해서 여 선교사를 마나우스로 데려갔다. 그런데 선교회에서 그녀가 정신분열증에 걸린 이유를 알아야겠다며 내게 스피커폰으로 그녀와 통화해 달라고 했다. 이게 무슨 일인가 했지만 요구에 응할 수밖에 없었다.

그녀가 내게 물은 첫 질문은 "왜 나에게 옷을 선물하고 비누를 선물했느냐?"였다. 그녀가 받았다는 옷은 내가 상파울루에서 기증

받은 것으로, 그녀뿐만 아니라 다른 선교사들도 선물 받은 것이었다. 비누는 마나우스의 어느 수입품 가게에서 유통기한이 지난 비누를 염가로 판매하기에 사서 선교사들과 나눠 쓴 것이었다.

이렇게 그녀와 나 사이엔 아무런 관계가 없음을 해명했음에도 여 선교사는 집으로 전화해서 나를 힘들게 하더니 결국 선교 사역을 그만두게 되었다. 선의로 한 선물이 오해를 불러일으켜 한 사람을 정신분열증까지 걸리게 했으니 나로서도 몹시 괴로운 일이었다. 다만 주님이 그녀를 불쌍히 여겨서 회복시켜 주시기를 기도했다.

그러나 이 일은 내게 이성을 절대로 조심하라는 경고가 되었다. 이성에 대한 독한 예방주사를 맞은 셈이었다.

목숨을 건 의료 선교

|||

1996년 7월 미국의 김정한 선교사님과 선미니스트리(Son Ministry)가 10여 명의 학생들과 함께 의사 두 명을 모셔 와 인디오 마을에서 의료 선교를 했다. 그들은 일주일 있다가 돌아갔는데 당시 의료 혜택을 제대로 받지 못하던 인디오 마을에 큰 도움이 되었다.

그 후 우리 교회에 출석하던 군인병원의 치과의사였던 엘로이자 멘지스(Eloisa Mendes)가 우리도 의료 선교를 하자고 제안했다. 하지만 우리에겐 의료 장비도 없었고 인디오 마을로 들어갈 수 있는 교통수단도 없었다. 우리가 가진 보트는 겨우 네 명이 탈 수 있었는데, 의사와 간호사, 치과의사가 타고 약품과 가솔린 등을 싣고 나면 내가 탈 자리가 없었다. 여기저기 수소문해 후나이(Funai, 인디오 보호청)에서 낡고 바닥이 깨져서 물이 새는 보트를 겨우 빌려 수리했다. 보트는 하루에 50헤알을 주고 빌렸는데 보통 한 번 인디오 마을에 들어가려면 일주일이 걸리므로 우리로선 거의 400달러나 되는 대여비가 부담될 수밖에 없었다.

그럼에도 그렇게 시작한 의료 선교 덕분에 썽가브리에우 다 까쇼에이라의 많은 마을들에 의료 혜택을 제공할 수 있었다. 군인병원의 브라질인 의사들과 치과의사, 의료팀, 썽가브리에우시 보건원, 국립 인디오 보건소(DSEI) 의료팀들과 한국과 미국과 상파울루에서 도움을 준 선생님들과 의료인들에게 깊은 감사를 드린다.

나는 기계 만지는 것을 좋아하지 않는다. 그래서 사역을 나가기 전에는 항상 정비사에게 맡겨서 모터를 정비했다. 여행 중에 고장이 나지 않기를 바랐지만 뜻대로 되지 않았다. 모터가 중간에 멈춰서 정글에 보트를 묶어 놓고 다른 보트가 오기를 하염없이 기다릴 때가 많았다. 검은강 상류의 강줄기에는 교통량이 없어서 보트가 나타나기까지는 오랜 시간이 걸렸다. 그 긴 시간을 가만히 있으려면 찌는 듯한 더위가 너무 고통스러웠다. 또 검은강의 물이 마르면 매우 위험했다. 강 중간중간 숨겨진 바위와 모래톱에 걸리면 모터의 프로펠러가 깨지곤 했다.

한번 인디오 마을에 들어가면 낮에는 의료 선교를 하고 밤에는 부흥회를 가졌는데, 설교와 함께 영화 상영을 했다. 영화 상영을 위한 일체의 장비를 실로암교회에서 지원해 주었다. 영상 장비로는 무게가 10kg이 넘고 크기도 매우 큰 프로젝터와 비디오플레이어, 엠프, 대형 스피커, 거기다 전기 생산을 위한 발전기까지 가지고 다녀야 했다. 이 모든 장비를 나 혼자 챙기고 설치하고 철수해야 했다.

하루는 모터보트로 약 13시간이 걸리는 마을의 초대를 받았다. 출발하기 전날 밤 잠을 청하는데 어두운 새벽에 출발해서 하루 종일 보트를 타고 갈 생각을 하니 나도 모르게 눈물이 났다. 그때 마침 〈기독공보〉에 실린 방지일 목사님의 글을 읽게 되었다.

욥기의 "사람은 고생을 위하여 났으니 불꽃이 위로 날아가는 것 같으니라"는 말씀을 인용하면서 당신이 중국에서 겪은 고통을 담담히 서술한 글이었다. 그 밤에 방 목사님께 편지를 썼다.

"목사님, 〈기독공보〉에 기고하신 짧은 글을 읽었습니다. 목사님은 그토록 고통당하신 일을 마치 남의 일처럼 담담하게 쓰셨으나 저는 내일 고생하며 여행할 생각을 하며 울었습니다."

얼마 후 목사님으로부터 회신이 왔는데 "김 목사, 내가 고생한 것이 김 목사가 고생하는 것만 하겠는가?" 하고 위로해 주었다. 참으로 존경받을 만한 분이었다.

그런데 방지일 목사님의 글을 읽고 편지를 쓰던 그날 새벽에 누군가 우리 집 문을 두드렸다. 문을 열고 나가니 우리 교회의 마우리시우, 까를루스, 아비아노 인디오 집사님들이 서 있었다.

"무슨 일입니까?"

내가 오늘 먼 길 가는 줄 알고 보트에 짐 싣는 것을 도와주기 위해 왔다는 것이었다. 당시 내겐 자동차도 없었고 그 시간엔 택시도 없었으니 그들이 아니었으면 나 혼자 그 많은 짐을 항구까지 옮겨야 했는데 어찌나 고마운지 순간 목이 메었다.

우리는 하루에 13~14시간도 아랑곳 않고 보트를 타고 달릴 때도 있었다. 칠흑 같은 밤에도 달렸다. 모터보트는 앞을 비추는 헤드라이트가 없어서 운전하는 형제가 양쪽으로 둘러싼 정글의 그림자를 보고 운전을 한다. 하지만 동행한 의료팀의 어느 누구도 "너무 무섭습니다. 보트가 전복되면 어쩝니까?" 하고 항의하는 것을 들어 본 적이 없다. 너무 고맙고 미안하다.

가뜩이나 비좁은 모터보트에 장비까지 많으니 사흘이나 걸리는 인디오 마을을 갈 때는 다리를 제대로 펴지 못해서 오금이 저렸다. 그러나 그보다 더 큰 문제는 먹거리였다. 공간이 좁으니 식량을 충분히 싣지 못했다. 설사 가져간다 한들 만들어 먹을 장소도 마땅치 않았다. 그래서 집에서 음식을 만들어 가져갔는데, 쌀을 끓이다가

라면을 넣고 끓인 라면밥이 고작이었다. 아침엔 집에서 끓여 온 커피와 비스킷으로 때우고 점심엔 정글에 정박해 라면밥에 소금에 절인 올리브 열매를 곁들여 먹었다. 저녁은 지나다 만나는 마을 입구에서 불을 피워 라면이나 죽에 소금에 절인 짠 소시지를 넣어서 먹었다. 날이 좋은 날은 작열하는 태양으로 인해 고통스럽고, 비 오는 날엔 온몸이 젖은 탓에 살 떨리는 추위로 고통스러웠다.

2000년 초까지 우리는 지붕이 없는 보트를 타고 다녔다. 그러다 2000년 초에 길이 8m, 폭 170cm에 지붕이 달린 보트를 상파울루 김홍섭 집사님의 도움으로 구입하였다. 이 보트는 햇빛이나 비를 완전히 보호하지는 못했으나 그나마도 행복했다. 그렇게 춥고 덥고 배고픈 여행을 2007년까지 다녔다. 2007년 이후에야 비로소 주님이 주신 병원선으로 다닐 수 있게 되었다. 아마존 인디오 형제들의 질병 치료를 위해 병원선을 구입하도록 도움을 준 한국과 미국 상파울루 교회들과 동역자님들, 뉴저지 연합교회와 코너스톤 교회, 신촌교회 성도님들과 유태순 권사님 가족에게 깊이 감사드린다.

그런데 나는 왜 그렇게 어두운 밤에도 위험한 여행을 강행했을까? 당시 나는 제정신이 아니었다. 모두 내가 복음에 미쳐서, 주님께 미쳐서 그런다고 믿었을 것이다. 나도 그런 줄 알았다. 하지만 지금 돌이켜 생각해 보니 그것은 나의 완벽주의를 만족시키기 위함이었다. 죽더라도 약속을 지킨다는 나의 성실함을 증명하기 위함이었다.

인디오 형제들이 마음을 열다

III

복음을 전하기 위해 7개 폭포를 지나야 닿는 마을을 찾아갈 때도 있었다. 보트나 카누를 타고 가다가 폭포를 만나면 타고 가던 보트의 모든 짐을 미리 폭포 위로 옮겨야 한다. 짐을 이고 지고 손으로 들고 걸었다. 모든 짐을 옮기고 나면 보트나 카누를 폭포 위로 올려야 했다. 폭포 위로 보트나 카누를 끌어 올리고 내릴 때 너무 무서워서 눈물이 났다. 물것은 또 얼마나 많은지 공기보다 삐융이라는 벌레가 더 많은 지역도 있었다. 그런가 하면 병원선을 폭포 아래에 정박시킨 뒤 다시 보트를 타고 가다가 마을 어귀에서부터 정글을 4시간 동안 걸어서 가는 마을들도 있다. 이렇게 찾아가는 데만 나흘씩 걸리는 마을들도 있다. 이런 마을들은 보통 의료진들이 찾아가기 힘든 곳이어서 1년에 한 번 방문한다.

그런 모든 곳을 허 선교사가 항상 동행했다. 복음을 전하기 위해서 허 선교사는 자기 목숨을 조금도 귀한 것으로 여기지 않았다. 이윽고 마을에 도착해서는 청년들에게 기타와 복음성가를 가르치고 주일학교를 열어 아이들을 가르치고 함께 설교를 했다.

인디오 형제 마을에 의료 선교나 부흥회를 초대 받아서 가면 우리는 형제들과 동일하게 생활하며 형제들의 집에서 묵었다. 야자나무 잎사귀를 덮은 지붕과 흙벽, 흙 바닥의 집에 해먹을 걸고 생활하였다. 목욕과 세면을 형제들과 같이 검은강에서 해결하였고 형제들이 먹는 음식들을 먹었다. 아침에는 화링야죽과 훈제한 생선을 물에 넣고 끓이는 생선 개미 양념탕에 화링야를 적처럼 부친 베주(bezu)를 찍어 먹었다. 점심은 가끔은 사냥한 동물 고기를 훈제하여 역시 탕으로 끓여서 그 검은 국물에 화링야 가루를 넣고 말아서 먹었다. 저녁은 점심에 남은 고추를 넣은 국물에 베주를 찍어 먹었다. 이때 고추가 너무 매워 애를 먹었다. 화장실은 동네 뒤편 정글에 있었다. 어떤 건물이 있는 것이 아니고 남자들이 들어가는 입구의 정글과 여자들이 들어가는 정글 입구가 다른, 정글 자체였다.

우리가 독충들에 물려서 팔 다리에 성한 곳이 없이 상처로 짓물려 고생하는 것을 보고 인디오 형제들이 마음을 열어 복음을 받아들이기 시작했다. 그러나 나는 벌레가 물지 못하게 뿌리는 스프레이를 누구에게도 금한 적은 없다. 주님이시라면 아마존에서 형제들이 살고 있는 그 삶을 기꺼이 모두 경험하셨을 것이라 믿었을 뿐이다.

얼마간이라도 형제들과 같은 환경에서 삶을 함께 나누는 것은 육체적으로는 힘들었지만 심령 안에는 항상 큰 기쁨이 있었다.

분열의 위기를 넘긴 부족 교회

III

우리가 1995년 2월 썽가브리에우에 들어갔을 때 세계 어디서나 볼 수 있는 각 교파들의 각축전이 벌어졌다. 원래 검은강 상류 지역 인디오 부족들은 1950년대 미국계 여선교사 소피아 뮬러(Sophia Muller)로부터 처음 개신교 복음을 접했다. 이후 새부족선교회의 선교사들이 부족 교회들을 돌보았다. 그러므로 모든 부족 교회들의 예배 전통과 문화, 헌법이 동일했다. 그러다 브라질 오순절교회와 침례교회들이 인디오 부족 교회들을 찾아가서 사역하면서 인디오 부족들의 교회 명칭이 바뀌었다. 부족 교회가 원해서 명칭을 바꾸기도 했고, 오순절교회와 침례교회들의 영향력으로 명칭이 바뀌기도 했다. 즉 브라질 교회 교단에 부족 교회들이 영입된 것이다.

이때 피해를 입는 것은 당연히 부족 교회들이다. 하나의 형식과 전통, 문화, 법률을 갖고 있던 이들이 나뉘게 되면 시간이 지날수록 서로를 배척하고 인정하지 못하게 된다. 500여 년 전 유럽인들이 중남미에 들어와서 자기들끼리 국경을 정하고 나라를 나누어 영토를 소유한 것과 같은 일이 교회에서 벌어지고 있었다.

나는 인디오 마을들에서 사역하는 교단과 선교단체 선교사들을 찾아가 단일 부족 교회 총회를 만들자고 설득했다. 이런 식으로 선교하면 훗날 교회 분열의 책임을 우리에게 물을 것이다, 따라서 교회가 교파로 나뉘지 않도록 하나의 기구를 설치하자고 설득한 것이다. 그러면서 동시에 인디오 형제들을 찾아가 설득했다. "교파로 나뉘어 서로 반목하는 것은 주님의 뜻이 결코 아니다. 서로 연합하는 것이 주님의 뜻이다"라고 설득했다.

이 설득 작업은 1995년 우리가 썽가브리에우에 들어가면서부터 시작했는데, 2001년 7월 2일, 마침내 브라질 정부기관 후나이 대표, 새부족선교회 대표, 언어학선교회 대표와 인디오 교회 지도자 150여 명이 모여 단일 부족 교회 총회를 위한 정관을 통과시켰다. 그렇게 결성된 것이 '검은강 인디오 단일 부족교회 총회'(Convencao Igreja Biblica Unida Indigena do Rio Negro)다.

이 총회 결성을 위해 수고를 아끼지 않고 정관을 작성하고 마음을 모아 준 엘리야스 선교사님, 쎄르지오 선교사님, 에두와루두 선교사님에게 깊이 감사한다.

한국은 1880년대에 미국 선교사들에 의해 복음이 전해졌다. 그때 감리교회 선교사들이 주도하여 교파로 나뉘지 말고 민족 교회로 연합하자는 합의에 이르렀다고 한다. 그런데 당시 일본 정부가 그 사실을 알고 중간에 방해해서 실효를 보지 못했다. 민족 교회로 연합하면 그만큼 힘이 커져서 일본 정부를 방해할 것을 염려해서였다. 그래서 나는 인디오 부족 교회들이 우리와 같은 전철을 밟지 않고 단일한 교회로 연합하기를 간절히 바랐다.

처음에 우리가 썽가브리에우에 들어갔을 때 어떤 인디오 마을의 교회에서 장로교회 간판으로 바꾸고 싶다고 제안했다. 그때 나는 일언지하에 거절하면서 다음과 같이 말했다.

"주님은 나를 장로교회를 확장하기 위해 아마존에 선교사로 보낸 것이 아니라 하나님 나라를 확장하기 위해 보내셨다."

신학교 역시 장로교회 소속도 아니고 장로교 교리를 강요하지도 않는다. 우리가 먼 길을 달려가는 병원선 의료 선교도 장로교와 상관없는 초교파적 사역이다. 그래서 나는 개신교회는 없으나 천주교회가 있는 마을에 가면 복음을 전한 뒤 주님을 영접한 사람들에게 미사에 잘 참여하라고 권면한다. 하나님 나라가 확장되고 말씀이 선포되는 것보다 더 중요한 것이 없다고 믿기 때문이다.

다만 비행기로 30분 거리의 싼타이사베우라는 도시와 비행기로 1시간 거리의 바르셀로라는 도시에 세운 교회들은 모두 장로교 간판을 걸었다. 그곳에 이미 다른 교파 교회들이 있었기 때문이다.

인디오 부족 교회 총회의 결성을 주도하면서 나는 이렇게 선교사들과 인디오 교회 지도자들을 설득했다.

"우리는 주님 앞에서뿐만 아니라 역사 앞에서 부끄러운 일을 하면 안 됩니다. 언젠가 후손들이 선교 역사를 기록하고 판단할 것이기 때문입니다."

모두 맞는 말이었다. 그런데 내 마음속에는 후에 내 이름이 기억

되고 높여지기를 바라는 속셈이 있었다. 셰익스피어의 말은 과연 옳았다.

"거룩한 것 속에 악이 있고 악 속에 선한 것이 있다."

6장

아마존의 하나님 나라
영웅들

신학생들을 아마존의 지도자로

|||

신학교 최초의 입학생들은 모두 초등학교 4학년만 졸업하고 신학교에 입학한 청년들이었다. 그래서 우리는 포어를 1학년과 2학년에 집중적으로 가르쳐 성경 수업을 들을 수 있도록 도와주어야 했다. 그러는 동시에 그들이 가능하면 신학교를 다니는 동안 중학교와 고등학교 과정의 검정고시를 통과할 수 있도록 도왔다.

브라질에는 공부를 제때에 하지 못한 청년들에게 중학교 과정 2년과 고등학교 과정 2년을 공부시키는 '에자'(Escola Jovem e Adulto)라는 시스템이 있다. 우리는 이 시스템을 신학교 안으로 가져오기 위해 백방으로 알아보고 연구했다. 브라질인 친구 제로니모(Jeronimo) 내외와 엘렝 선생님이 이 과정에서 많이 도와주었다. 그렇게 해서 2002년 드디어 중학교와 고등학교 과정을 신학교에서 개설할 수 있었다. 고등학교 과정을 개설했을 때 브라질 정부의 문교부(SEDUC) 썽가브리에우 책임자가 학생들에게 이렇게 말했다.

"오늘 이곳에서 고등학교 과정이 개설된 것은 김철기 목사의 지칠 줄 모르는 노력 덕분입니다. 그러니 열심히 공부하십시오."

내가 신학교에 중고등부 과정을 개설하려던 것은 두 가지 이유 때문이었다. 첫째는, 교회 지도자의 학력이 높아져야 한다고 생각했기 때문이고, 둘째는, 신학교를 책임질 교수를 양성해야 했기 때문이다. 언젠가 우리가 이곳을 떠났을 때 그렇게 양성된 그들이 신학교를 운영하고 신학생들을 가르치게 하기 위해서였다. 신학교에 다니는 동안 고등학교 과정을 통과하면 일반 대학에 입학시켜 학사는 물론 석사와 박사학위까지 마치도록 도움을 주고자 했다.

이렇게 하여 많은 청년들이 중고등부 과정을 통과할 수 있었다. 그러나 2014년부터 문교부 법이 바뀌어 지금은 매일 저녁 도시에 나가 중고등부 과정을 공부해야 한다.

아마존 여성 지도자를 양성하기 위해

|||

1997년 신학교를 개교하면서 여학생도 교육해서 지도자로 양성하고 싶었다. 주변의 선교사들과 교회 지도자들에게 그 뜻을 전하자 모두 우려를 표명했다. 남녀가 함께 공부하는 중고등학교에서 여학생이 임신을 해 학교를 그만두는 일이 많았기 때문이다. 하지만 우리는 이성 교제를 철저히 금지해서 교육하겠다고 우리 뜻을 밀어붙

였다.

신학교에 여학생을 유치하려면 무엇보다 기숙사가 필요했다. 2001년 9월, 한국에 나가 선교 보고를 할 때 이 사실을 알렸고, 많은 분들이 공감해 주었다. 일산광성교회 윤수연 권사님이 1만 달러를 헌금했고, 구미의 류재덕, 진수연 권사님이 5만 달러, 댈러스 빛내리 교회 청년들이 예배 후 커피를 판매해서 모은 5천 달러, 김태현 장로님이 1만 헤알, 미국 샌디에이고의 백중필 목사님이 7천 달러, 신촌 교회에서 1만 5천 달러를 헌금해 주었다. 그렇게 해서 12x9m 규모의 기숙사를 2년에 걸쳐 건축했다. 덕분에 많은 여성 지도자가 배출되었다. 하지만 선교사들과 교회 지도자들이 우려한 대로 실제로 많은 남학생이 교칙을 어겨서 퇴학과 정학 등 징계를 받는 아픔이 따랐다.

그러나 신학교를 졸업한 여학생들이 독신으로 또는 우리 신학교 출신 목회자와 결혼하여 훌륭한 사역을 하고 있음에 주님께 감사하고 여기숙사를 건축하도록 도운 동역자들에게 진심으로 감사한다.

1995년에 개척해서 예배드릴 때부터 우리 교회에는 여러 부족의 인디오들이 함께했다. 인디오 부족은 관습이나 문화, 음식, 주거 등 여러 면에서 비슷했지만 한 가지, 언어가 달랐다. 언어가 다르면 무엇보다 소통이 어렵다. 나는 어떻게 하면 이렇게 다른 언어를 사용하는 사람들이 하나의 교회에서 연합할 수 있을까, 어떻게 하면 이들이 모두 우리 교회를 내 교회라고 여기며 자랑스러워할 수 있을까 여러 날을 고민했다.

나는 우선 성경 본문은 같되 설교는 세 가지 언어로 동시에 했다. 가장 많은 부족어가 넹가뚜와 바니와, 뚜까누인데, 내가 포어로 설교하면 이들 부족의 형제들이 각각의 언어로 설교를 했다. 당연히 시간이 오래 걸렸다. 더구나 설교 내용이 조금씩 달라졌다. 그래서 얼마 후엔 내가 포어로 설교하면 각각의 언어로 동시통역해서 전달했다. 하지만 이것도 쉽지 않기는 마찬가지였다. 설교는 동일하나 통역하는 동안 기다리는 시간이 많다 보니 설교의 흐름이 자꾸 끊겼다.

지금은 포어로만 설교한다. 가능하면 쉽게 해서 모두가 알아들을 수 있게 한다. 물론 나도 포어가 모국어가 아니므로 어려운 단어를 모르기는 마찬가지다. 설교는 포어로 하지만 찬양 한 곡은 부족어로 부른다. 인디오 형제들 모두가 주체자로서 예배를 드리게 하기 위해서다. 그런 우리의 모습을 2005년 8월 〈뉴욕타임스〉의 래리 로터 (Larry Rohter) 기자가 취재해 갔다. 래리 로터 기자는 수백 년 전 브라질 정부가 모든 부족에게 넹가뚜어를 가르쳐서 언어를 통일하려 했으나 브라질 정부의 언어 정책은 대체로 실패하였지만 아직도 그 언어를 쓰는 도시와 교회를 발견하고 그 실태를 취재하러 온 것이었다.

나는 여러 인디오 부족들이 참여하는 우리 교회에 인디오 부족이 아닌 브라질인으로서 교인으로 등록하는 사람들에게 이렇게 당부한다.

첫째, 형제들의 언어와 문화, 전통을 존중해야 한다.

둘째, 형제들은 사교적이지 않다. 먼저 일어나서 찾아가서 인사하되 교제하지 않아도 오해하지 말아야 한다. 그들은 시간이 지나면 훨씬 깊은 교제를 나누는 형제가 된다.

셋째, 형제들은 교회 안에서나 밖에서나 애정을 공개적으로 표현하지 않는다. 서로 입을 맞추는 일은 없다. 인사할 때 껴안을 수는 있지만 과도한 애정 표현을 하면 형제들이 난처해 한다.

넷째, 우리 교회는 선교적인 교회다. 교회의 존재 목적이 선교라고 믿기에 여러 방면에서 복음을 전할 기회를 가진다. 교회의 선교 사역에 참여하여 활동하기 바란다.

다섯째, 군인으로서 2년간 우리 교회를 섬기고 떠난 형제들이 신학교를 졸업한 뒤 목사와 선교사가 되어 활동하고 있다. "포어도 잘 못하는 김 목사가 이만큼 사역을 하는데 만일 내가 사역을 하면 훨씬 잘할 수 있으리라"고 용기를 갖기 때문인 것 같다. 내 약함이 다른 형제들에게 용기를 주었다. 얼마나 감사한가? 당신도 그렇게 되기를 바란다.

여섯째, 우리 도시의 인디오 부족은 90%가 순수한 인디오들이다. 이들을 배려해서 인디오 부족어로 찬양하는 교회는 우리 교회가 유일하다. 우리가 이렇게 하는 것은 인디오 부족들이 이 땅의 주인임을 인정하기 위함이다. 그러니 함께 공동체를 만들어 가기를 부탁한다.

　인디오 형제들은 생필품을 구입하기 위해 혹은 질병 치료 등을 위해 도시에 나왔으나 머물 만한 곳이 없는 경우 그들은 강변에 비닐 천막을 치고 비와 햇빛을 피한다. 그러나 폭우가 쏟아지면 비닐 천막이 날아가 버려 비를 피할 수가 없다. 여러 번 형제들이 우리를 찾아와 자신들을 위해 임시 숙소를 만들어 달라고 눈물로 부탁했다. 우리는 눈물의 부탁을 들은 이후로 기도할 때마다 주님께 그것을 보고하였다.

　우리 교회와 가까운 곳의 강변에나 상파울투 최유순 권사님과 전도명 목사님, 김두환 집사님의 헌금으로 땅을 구입할 수 있었다. 여러 해 동안 아마존에 의료 선교를 다녀간 치과의사 장석렬 박사님이 올 때마다 헌금해 준 돈으로 가로 8m, 세로 17m 규모의 집을 지었다. 그리고 2년 후 대전 새로남교회에서 2200달러, 안정태 집사님이 1만 달러를 헌금해 주어 가로 15m, 세로 25m 규모의 집을 두 번째로 지을 수 있었다. 한편, 우리 교회 교인들의 기증으로, 몇 년간은 시의원인 제로니모가 후원하여 그들에게 저녁을 제공한다.

1995년에 개척한 제1교회는 현재 세 개의 지교회와 세 곳의 기도처를 가지고 있다. 지교회로는 우리 도시 외곽에 소재한 미게우 키리누 지교회, 비행기로 30분 거리의 싼타이사베우 지교회, 비행기로 1시간 거리의 바르셀로 지교회가 있다. 제1교회가 이 세 곳의 교회에 목회자들을 파송하고 생활비를 책임진다. 기도처로는 앞에서 언급한 대로 인디오 형제들이 도시에 와서 여관처럼 머무르다 돌아가는 형제들의 집으로 이곳에서 일주일에 두 번 예배를 드린다. 매주 토요일에는 병원 치료를 받고 회복 중인 인디오의 집에 찾아가서 예배를 드리고, 매주 화요일에는 경찰서 감옥에 가서 예배를 드린다.

교회를 개척한 지 올해로 23년째다. 그동안 한 번도 다툼이나 분열이 없었다. 인디오 부족들은 우리가 고난을 받아 고통 중에 있을 때 늘 위로하고 격려했다. 허 선교사가 투병 중일 때 우리 교회 교인들이 부목사 사모가 허 선교사를 3개월간 간호하도록 한국행 왕

복 항공 요금을 모금했으며, 치료비도 보태 주었다. 무익하고 부족한 우리 내외를 영적 부모라면서 사랑하고 따르는 그들이야말로 우리의 자랑이요 기쁨이다. 내가 우리 교인들에게 너무나 많은 사랑의 빚을 졌다.

그런데 이런 사역의 열매들이 내게 자부심과 자랑이 되었다. 이렇게 나는 주님께서 행하신 일들을 마치 내가 이룬 것처럼 주님의 영광을 가로챘다.

도시에 전통을 만들다

|||

1997년부터 우리 교회는 성금요일에 예수님 영화를 상영했다. 도시의 공회당(Ginasio Arnaldo Coimbra)을 빌려 처음에는 〈나사렛 예수〉, 〈누가복음에 따른 예수 그리스도〉를 상영했으나 2005년부터는 〈패션 오브 크라이스트〉를 상영하고 있다. 매년 공회당을 가득 메운 수천 명이 영화를 관람하고 있다. 이제 우리 시에서 성금요일 영화 관람은 이 도시의 전통이 되었다.

비로소 아마존의 형제가 되다

|||

2006년 8월, 안식년으로 한국에 들어왔을 때 브라질 시민권을 받기 위한 모든 서류를 준비했다. 총회 세계선교부와 신촌교회의 허락을 받아 브라질인으로 귀화하기로 한 것이다. 2006년 11월 17일 브라질에 재입국하면서 나는 서류를 연방경찰에 접수했다. 항암치료 때문에 한국에 남게 된 허 선교사는 서류를 접수하지 못한 상태였다.

우리는 그동안 브라질인으로 귀화하는 것에 대해 많은 생각을 했다. 주님의 제자들은 복음을 위해 보냄 받은 땅에서 죽음을 당했다. 그들이 고향 이스라엘로 돌아가려면 얼마든지 갈 수 있었을 것이다. 하지만 그들은 더 나은 본향을 사모하며 외국인과 나그네로 살다가 죽었다. 우리도 보냄을 받은 브라질 땅에서 뼈를 묻어야 한다고 생각했다. 나는 늘 살아서 한국에 돌아가지는 못하리라, 아마존에서 죽으리라 생각했다. 브라질 사람으로서 그들과 함께 삶을 나누고 싶었다.

특히 우리가 사역하는 곳은 베네수엘라, 콜롬비아, 브라질 3국의 국경에 있고 인디오 23개 부족이 집약적으로 거주하는 곳이다. 그래서 정치적으로 민감하다. 이런 지역적 특성이 우리가 브라질인으로 귀화하려는 이유이기도 했다.

보통 15년 이상 장기 거주한 외국인이면 귀화 수속이 6개월 걸린다는데 나는 몇 년이나 걸려 브라질 시민권을 받았다. 마침내 브라질 사람이 된 것이다.

브라질에서 선교사로 살면서 고통스러운 일들이 참 많았다. 모든 선교사들이 경험하는 언어와 문화의 장벽에서 오는 낭패와 고립감을 우리도 당연히 겪었다. 1년 내내 퍼붓는 아마존의 폭염과 습도, 물것들로 인해 고통스러웠다. 다른 선교사들로부터 온갖 중상모략도 받았다. 브라질 민간기구들로부터 사역을 중단하라는 협박도 여러 번 받았다. 그들이 독약을 물에 푼 것을 마시기도 했다. 대변을 투척해 저주하고 무명으로 편지를 보내 여기를 떠나라는 경고를 수없이 받았다.

여러 번 고소를 당하여 외국인으로 법정에 서야 했다. 한번은 내가 세례를 준 형제가 술에 취해 나를 죽이러 큰 칼을 들고 우리 집에 들어왔다. 후에 들은 이야기인데 나도 모르게 정보기관으로부터 여러 번 조사를 받았다고 한다. 왜냐하면 우리 사역의 규모가 커서 혹시 검은 돈으로 사역이 이루어지는 것이 아닌가 하는 의심을 했기 때문이라는 것이다. 브라질 뉴스 전문 방송국에선 우리가 외국인을 아마존에 끌어들이는 브로커로 소개되기도 했다.

이런 모든 일이 우리를 절망시키기에 충분했다. 하지만 만물의 찌꺼기 같은 대접을 받았다는 가장 위대한 선교사 사도 바울을 따라 우리도 기뻐하고 감사하며 고난을 이기고자 했다. 우리의 자아를 죽음에 넘기도록 돕는 복된 하나님의 계획이라고 믿었다.

그렇게 15년이 지나자 비로소 형제들의 문화에 눈이 열리고 그들과 더불어 살며 사랑할 수 있도록 내가 변화되었다. 그러자 우리 도시와 형제들이 우리를 외국인이 아닌 브라질인으로 받아들여 줬다. 나는 우리 도시의 명예시민으로 추대되어 시의회로부터 명예시민증을 받았다. 그리고 우리 도시에, 군부대에 행사가 있을 때마다 유지로 초대를 받는다. 전에는 가톨릭교회 주교만 초대 받는 자리에 같이 초대받게 된 것이다. 주님께서 그렇게 행하셨다. 복음을 전하는 데 필요한 자리라고 믿고 초대를 받아들였다.

그런데 나는 얼마나 교활한지, 유지의 자리에 서서 고개를 들고 그 자리를 기뻐하고 있었다. 누가 세운 자리인데 내가 마땅히 차지할 자리라고 고개를 들고 있는가. 그런 나를 발견할 때면 자괴감에 몸서리를 치게 된다.

허 선교사가 음악을 배운 이유

III

허 선교사는 아마존에 오기 전에 기타나 키보드를 배워 본 적이 없다. 그러니 특별히 음악적 재능이 있었다고 말하기는 어렵다. 그런데 허 선교사는 신학생들을 돕기 위해 음악을 접하기 시작했다. 처음엔 우리 도시에서 찬양을 제일 잘하는 자매를 초대해 찬양하게 한 다음 그것을 녹음해 수없이 들어서 가사를 모두 외웠다. 그러더니 미국에 있는 아이들을 보러 갈 때마다 기타와 피아노를 배워 와서 그것을 아마존의 신학생들에게 가르쳤다.

그러고는 전혀 악보를 읽을 줄 모르는 학생들을 데리고 소프라노, 알토, 테너, 베이스로 나눈 다음 칸타타를 가르치기 시작했다. 녹음된 음악을 계속 들려주며 12곡으로 된 노래의 멜로디를 따라 하게 하더니 마침내 12곡 모두 가사를 암기시켰다. 그리고 본인이 친히 지휘를 해서 아마존 검은강 상류 신학교에 인디오 성가대를 탄생시켰다.

허 선교사가 합창을 시작하고 기타와 피아노를 배워서 가르친 이유는 두 가지였다. 첫째, 인디오 형제들에게 자신감을 불어넣고 싶었다. 둘째, 그들이 앞으로 교회를 세우게 되었을 때 기타 연주가 가능하면 사람들을 모아 찬양하는 데 어려움이 없을 것 같아서였다.

성가대는 매년 11월에 발표회를 열었는데, 평소에도 월, 수, 금

오후에 모여 찬양 연습을 하지만 발표를 앞두고는 거의 매일 모였다. 발표회를 앞두면 얼마나 열심히 하는지, 허 선교사는 지휘하는 팔이 너무 아파 붕대를 감고 서기도 했다.

우리 성가대는 2008년 마나우스 근교 이따꽈치아라(Itacauatiara)에서 열린 인디오 목사 전국대회(Conplei)의 개회예배와 폐회예배에서 6곡의 성가곡을 부르는가 하면, 선교지 군인부대 군악대와도 여러 번 협연을 했다.

인디오 형제들을 사랑해서 음악을 배우기 시작한 허 선교사, 그녀는 매년 졸업생들에게 기타를 선물했다. 지금은 지휘자 없이 매년 12월 초 칸타타를 공연한다. 성가대가 발표회를 할 때 항상 허 선교사의 사랑도 울려 퍼질 것이다.

현숙한 여인, 허 선교사

|||

어느 날 허 선교사가 내게 풀러신학대학원 입학원서를 내밀었다. 선교목회학 박사과정을 공부하라는 것이었다. 나는 "필요한 만큼 공부했다. 인디오 부족들의 삶에 대한 책을 포르투갈어로 많이 읽었다. 선교도 모범적으로 잘하고 있다. 그런데 왜 공부해야 하는가? 시간 낭비가 아니겠는가? 등록금을 어떻게 감당하겠는가?" 하며 반대

했다. 하지만 허 선교사는 내가 항복할 때까지 나를 설득했다.

그렇게 시작한 선교학 공부는 '공부할 만큼 공부했다'고 큰소리 친 나 자신을 부끄럽게 했다. 선교학 분야의 저명한 교수님들과 박기호 교수님, 이광길 교수님을 만났을 뿐 아니라 당시 그 과정의 스태프로 있던 강진웅 목사님과 동학한 손사무엘 목사님 내외, 박동실 목사님으로부터 많은 배움을 얻었다. 무엇보다 내가 믿은 선교 방향을 확인 받은 것이 감사했다. 공부를 마친 뒤 '아마존 미전도 부족 선교 전략'이라는 논문을 썼다.

허 선교사는 잠언에 나오는 현숙한 여인이었다. 선한 일은 강요하고 악한 일은 무섭게 꾸짖어 그만두게 만드는 여인, 그러나 거기에는 언제나 그녀의 희생이 따랐다.

지금 신학교의 간판은 허 선교사의 아이디어로 제작된 것이다. 벽돌로 높이 4m, 가로 6m를 쌓고 그 위에 검은 타일을 붙인 다음 흰 타일을 양 옆으로 붙여 돋보이게 하고 하얀 글씨의 'Instituto Biblico do Alto Rio Negro'를 붙였다. 약자인 IBARNE도 붙였다. 이 큰 간판은 아름답기도 하지만 마치 큰 연구소의 입구 같은 분위기를 자아낸다.

벽돌로 쌓아서 신학교 이름을 새긴 그곳은 원래 야산이었다. 울퉁불퉁한 여러 나무들이 우거져 있었다. 허 선교사가 매일 오후 학생들과 함께 그 야산을 삽과 곡괭이로 다듬었다. 그러기를 두 달이나 했다. 그런데 누군가 법원에 신학교가 학생들을 착취한다고 고소를 했다. 우리가 법정에 가서 그 공사는 학생들의 노동 시간에 이루어진 것이라고 해명해서 일단락되어 3천 평의 넓은 정원을 만들 수 있었다. 정원의 경계에는 아사히 야자나무들을 심었다. 그리고 신학교 입구 양쪽으로 1년 내내 꽃이 피는 꽃나무를 심었다.

그렇게 수고한 뒤 허 선교사가 앓아 누웠다. 병명은 말라리아였다. 당시 우리 도시의 간호사이자 약사인 뺑야 부인(Dona Penha)의 도움으로 겨우 몸을 추스를 수 있었다.

우리는 신학교 정원을 허 선교사 정원으로 명명했다. 허 선교사의 브라질 이름 도나후치 정원이다. 허 선교사는 간판을 만든 뒤 언젠가 자신이 주님 품으로 돌아가면 그 간판 뒤에 묻어 달라는 말을 했다. 1년 내내 하얗고 노랗고 빨간 꽃이 피는 그곳에서 허 선교사는 깊은 쉼을 누리고 있다.

주님을 위해 죽기 원한다면

|||

수산나는 아홉 살, 지훈이는 여섯 살에 한국을 떠나 아마존에 와서 자연스럽게 사역을 도왔다. 미국으로 공부하러 갔을 때도 방학 동안 딸은 아이들 사역을 하고, 아들은 의사 선생님을 돕는 조수로 사역했다. 수산나는 대학을 졸업한 뒤 1년간 아마존에 와서 사역했

다. 엄마가 아플 때는 나와 번갈아 가며 간호와 사역을 병행했다.

우리 아이들은 아마존의 인디오 형제들을 사랑한다. 그들도 우리 아이들을 가족으로 인정한다. 우리 아이들이 아마존에 와서 살다가 죽기를 바란다. 무슨 말도 안 되는 소리인가? 그러나 형제들은 그런 가족 개념을 갖고 살아간다. 인간적인 가족 관계를 뛰어넘는 관계다.

허운석 선교사는 우리 아이들이 아마존에 와서 사역하기를 원했다. 하나님 나라를 위해 대를 이어 충성하기를 바랐다. 허 선교사는 이 땅에서 부와 명예, 권력을 누리며 사는 것보다 하나님의 사람으로 살아가는 것이 중요하다고 믿었고, 또 그렇게 아이들에게 가르쳤다.

"너희가 주님을 사랑하지 않는다면 나는 너희들 집에서 단 하루도 머물지 않을 것이다. 차라리 주님을 사랑하는 성도들의 집에 가서 자겠다."

허 선교사가 생전에 아이들에게 자주 한 말이다. "누구든지 하나님의 뜻대로 행하는 자가 내 형제요 자매요 어머니이니라"(막 3:35)고 하신 예수님의 가르침처럼 가족은 피를 나누어서 가족이 아니라 주님의 뜻 안에서 하나되어서 가족이라는 것을 가르친 것이다.

십수 년 전부터 아마존에서 함께 동역할 선교사를 부르고 또 불렀다. 하시만 산산이 부서진 이름처럼, 허공 중에 헤어진 이름처럼,

내가 부르다 죽을 이름처럼, 오지 않았다.

어느 분이 정식 선교사가 아닌 견습 선교사를 부르면 선교지에서 머물며 마음에 감동이 되어 장기 선교사로 헌신할 것이라는 조언을 따라 2003년부터 견습 선교사를 요청했다.

영남신학대학 공국표 전도사님을 시작으로 한국과 미국, 상파울루에서 16명이 다녀갔다. 견습 선교사들이 아마존에 파송될 당시는 수산나와 지훈이가 이미 우리를 떠난 뒤라서 우리는 그들을 아들로, 친구로, 제자로, 컴퓨터 선생님으로 여기며 함께 지냈다. 그들이 돌아가면서 남긴 보고서는 늘 우리를 감동케 했다. 아마존에 와서야 비로소 주님을, 인생을, 사명을 알았다고 고백했다.

나는 견습 선교사가 오면 12권의 중요한 책을 함께 읽고 토론을 했는데, 아마도 외롭고 고생스러운 환경에서 나눈 대화인 만큼 그들 가슴에 별처럼 박혔으리라 생각한다.

그러나 그중 어느 누구도 장기 선교사로 헌신하지 않았다. 아마존에 다녀간 마지막 견습 선교사가 아직 신대원에 재학 중이어서 기대를 가지고 기다리고 있다. 아마존은 주님을 사랑해서 주님을 위해 기꺼이 죽어 드리기를 원한다면 죽기에 가장 좋은 장소다. 자아를 죽이기에 가장 좋은 장소라는 말이다. 우리는 아직도 단기나 장기 선교사든, 의료 선교사든 평신도 전문인 선교사든 현직에서 은퇴한 실버 선교사든 누구든지 우리와 동역할 이들을 기다린다.

회개운동이 뜨겁게 타오르다

|||

우리는 썽가브리에우에서 사역을 시작하면서부터 심한 영적 갈 증을 느꼈다. 주님께서 우리에게 주신 마음은 이 지역의 부흥을 위하여 기도하고 싶은 마음으로 이어졌다. 그래서 "주님, 이 땅에 부흥을 주시든지 아니면 저희를 데려가시든지 둘 중 하나를 하십시오. 저희를 부흥의 불씨로 사용하여 주시옵소서"라고 기도하기 시작했다. 새벽마다 부르짖었다. 목이 상하고 또 상해도 계속 기도했다. 그러나 부흥은 오지 않았다. 일주일, 한 달, 1년이 지나도 아무런 변화가 없었다

그러나 부흥을 위하여 기도하고 싶은 마음은 계속되었다. 시간이 지나면서 먼저 내 심령에 부흥을 주시라고 기도하게 되었고 주께서 우리를 더 깊은 회개로 인도하셨다. 주님은 이미 그때 우리 심령속에 부흥을 주셨다. 단지 이 부흥의 불길이 다른 사람에게 전달될 만큼 크지 않았다고 이해한다.

성령님께서 언제나 오시려나? 언제 주님이 우리 학생들에게 회개의 영을 부어 주실 것인가? 해가 지나고 또 한 해가 지나면서 초조해지기도 했다. 그러다가 "주님, 저희가 아닌 다른 사역자들이 그부흥을 가져와도 감사합니다. 저희는 단지 부흥에 참여하는 것만으로도 충분합니다"라고 기도하게 되었다. 그렇게 주님은 우리의 인내

와 믿음을 준비시키셨다.

2009년 9월이 되었다. 우리 신학교에 재학 중이던 에스더라는 자매가 허 선교사와 함께 기도를 하다가 방언의 은사를 받았다. 그리고 그동안 숨겨 왔던 죄를 고백했다. 미모가 그리 뛰어나지 않은 자매라서 우리는 그녀가 학교 안에서 그렇게 많은 남학생들의 유혹을 받았으리라고는 생각도 못했다. 신학교의 모든 죄악이 에스더를 통해 50% 정도 드러나고 밝혀졌다. 우리는 마귀가 그녀를 정죄하며 공포로 다시 가두려 하는 모습을 보았다.

어둠의 왕인 사탄의 포획권이 주님의 빛 아래서 분노하며 보복하고 위협했으나 성령께서 곧 그를 붙드셨다. 강하고 담대하게 하시며 오히려 자매의 죄의 자백을 통하여 모든 자매들이 자기들의 죄악을 낱낱이 고백하는 놀라운 역사가 일어났다. 그래서 학교의 남학생 중에 '플레이 보이' 같은 몇몇 학생의 죄들이 밝혀졌고, 그들은 꼼짝없이 회개할 수밖에 없었다.

우리 신학교 내에 숨겨진 죄악들이 그렇게 많은 줄 우리는 미처 몰랐다.

그날 이후 우리 학교의 모든 일정이 끝나는 10시 반부터 허 선교사의 인도로 신학교 채플에서 기도회가 열렸다. 그리고 낮 시간에는 신학교 전체 학생이 주님을 만날 자기 자리를 찾기 위해 정글로 들어갔다. 남학생은 이쪽으로, 여학생은 반대쪽으로 깊숙이 들어갔다.

그동안 주님과 개인적인 만남을 갖기 위해 정글 속 조용한 자리로 찾아가라고 가르쳤지만, 문화적으로 그들에게 '정글의 의미'가 무엇일까 싶어서 강요하지 못했다. 어느덧 주님이 정한 시간이 되었는지 주님께서 결국 입을 열어 주셨다. 이들의 마음에 순종의 새싹이 보이는 것 같아서 냉큼 정글로 들어가자고 했다. 매주 수요일은 예배가 있는 날이다. 모든 교수와 학생들이 함께 공적인 예배를 드린 뒤 "오늘은 다 정글로 들어가서 주님과 만날 장소를 마련하자. 온 마음을 다해 죄를 열거하고 물을 쏟듯 마음을 열어 주님께 고백하며 주님께 회개의 영을 부어 달라고 간절히 기도하자"고 해서 정글로 들어갔다.

정글에서 들려오는 기도 소리에 그토록 많은 새도 숨을 죽이고 귀를 기울였다. 부르짖는 기도 소리들이 온 정글에 메아리쳐 울려 퍼졌다. 우리 모두는 창조주 앞에 벗은 몸으로 울었다. 기도를 마치고 돌아온 그들의 모습은 자신들의 끔찍한 죄악의 얼굴을 보았는지, 울고불고 난리를 쳤는지, 목소리가 쉬어서 말을 잇지 못하고 눈은 붉게 충혈되어 있었다. 온몸이 땀에 젖어 초췌했으나 그들의 얼굴은 어린 양처럼 순결했다.

"주님과 조용히 만날 장소를 찾아 정글로 들어 가자"고 했던 시간은 오래 걸렸으나 주님은 마침내 정글에 들어갈 목마름을 주셨고, 그들을 그곳으로 부르셨고, 만나 주셨다. 할렐루야!

정글에 들어가서 한없이 그냥 울기만 했다는 학생, 울다 뒹굴었다는 학생, 자기 죄가 보여서 펄펄 뛰면서 고함을 쳤다는 학생, 미칠 뻔했다는 학생, 제각기 주님을 체험한 이야기를 간증했다. 그리고 금식을 하는 학생들이 줄을 잇고 철야를 하는 학생들이 성전에 기도의 불을 밝혔다. 더불어 공중 앞에 자기 죄를 낱낱이 고백했다.

콜롬비아에서 온 한 인디오 형제는 통곡하면서 고백하기를 "저는 코카인을 하기 위해서 늘 몸을 팔았습니다. 쾌락을 위하여 훔칠 수 있는 것은 다 훔쳤습니다"라고 했다. 프란시스코라는 학생은 "저는 술꾼이었습니다. 밤마다 성적 욕구를 채우지 않으면 잠을 잘 수가 없었습니다. 저는 양성애자였고 늘 수간(獸姦)을 했습니다. 그리고 많은 여자들과도 잠을 잤습니다"라고 고백했다.

이렇게 줄을 잇던 회개 운동 후에 주님은 성령의 은사를 60명의 신학생 전체에게 허락하셨다.

우리는 썽가브리에우 시내에 있는 우리 교회 교인들을 신학교 금요일 철야예배에 초대했다. 지금껏 신학생들이 경험한 성령의 임재를 경험하지 못한 교인들이 어떤 반응을 보일지 두렵고도 기대가 되었다. 그런데 놀라운 일이 일어났다. 교인들은 신학생 60명이 쏟아 내는 기도와 찬양에 몸에 경련을 일으키고 뒤로 넘어지는 등 성령의 임재를 경험했다. 그러고는 성령의 은사를 받아 학생들이 그랬던 것처럼 자신의 죄악을 통회하며 공개적으로 자백하기 시작했다.

성령께서 친히 일으키시는 회개 운동이 얼마나 강력했던지 불신자들이 금요일 철야예배를 구경하러 올 정도였다. 나는 이들 불신자를 신학교 교실 한쪽에 모아 놓고 에반지 큐브(Evange Cube)로 복음을 전한 뒤 주님을 영접하게 했다. 놀랍게도 그들 역시 그날 저녁 성령을 체험하고 공개적으로 죄를 자백했다.

성령님이 일으키신 회개 운동은 2009년 9월부터 12월까지 계속되었다.

기적의 망고

|||

이렇게 강력한 회개운동이 일어나고 난 후 '기적의 망고' 열매들이 열렸다. 당시 나는 아마존 검은강 상류 지역에서만 15년째 살고 있었는데 망고나무는 어디에서나 흔히 볼 수 있는 나무다. 그러나 망고나무에서 한 번도 열매를 맺은 것을 보지 못했다. 농학박사들의 이야기로는 이곳은 토지에 산성 성분이 너무 많아 농사가 되지 않는다는 것이었다.

나는 모든 과일 중에서 망고를 제일 좋아한다. 그런데 아쉽게도 다른 도시에서는 풍성한 이 열매를 이곳에서는 먹을 수가 없었다. 몇 년 전부터 군인들이 이곳에 많이 들어오면서 망고가 시장에 나오긴 했으나 매우 귀했다. 그도 그럴 것이 망고가 이곳까지 오려면 브라질 남쪽 상파울루로부터 자동차와 선박들을 갈아타며 5000km의 먼 길을 달려와야 했다. 당연히 값이 비싸서 1kg에 미화로 약 8달러가량 했다. 그러니 너무 비싸서 사먹지는 못하고 교인들이 다른 도시에 여행 갔다가 선물로 가져 온 것을 먹는 게 고작이었다.

그런데 2010년부터 이 도시의 모든 나무에 망고가 주렁주렁 열렸다. 망고뿐만 아니라 다른 과일들도 많이 수확되었다. 할렐루야! 이것은 기적이다. 어마어마하게 큰 거목부터 작은 망고나무까지 망고들이 주렁주렁 풍성하게 열렸다. 역대하 7장 14절의 "내 이름으로 일컫는 내 백성이 그들의 악한 길에서 떠나 스스로 낮추고 기도하여 내 얼굴을 찾으면 내가 하늘에서 듣고 그들의 죄를 사하고 그들의 땅을 고칠지라"는 말씀이 이루어진 것이다.

지금도 주님은 부흥을 꿈꾸며 부흥을 위하여 기도하는 성도를 찾고 계신다. 그리고 우리의 회개를 통하여 황폐한 이 땅을 바꾸어 주신다.

작지만 큰 사람들

III

아마존의 잃어버린 영혼을 위하여 우리와 함께한 교회와 성도님이 아주 많다. 그들의 헌신을 일일이 열거하자면 책 한 권을 써야 할 것이다.

어찌 그 도움과 사랑을 잊을 수 있으랴. 나는 그들을 별처럼 가슴에 품고 시간 날 때마다 중보하고 있다. 다음은 중보기도 내용이다.

"사랑하는 주님, 당신이 세계 곳곳에서 천사들을 일으키셨습니다. 저희가 낙심하고 좌절할 때 당신의 종들이 기도하여 저희가 일으킴을 받았습니다. 배신과 핍박으로 눈물이 마르지 않을 때, 중보자들이 같은 마음으로 기도하여 저희의 눈물이 닦아졌습니다. 우리가 두 손을 주님께 들고 도움을 요청할 때, 주님의 종들이 허리띠를 졸라매고 생활비를 줄이고 아르바이트를 하여 선교비와 선물들을 보내 주었습니다. 허 선교사가 암 투병을 할 때 가족이라 여기며 치료비와 생활비와 선물들을 보내며 위로와 사랑을 나눠 주었습니다. 전화나 편지와 메시지로 격려해 주었습니다. 아마존에 직접 와서 저희와 고통을 함께 나누며 형제들을 섬겨 주었습니다. 그래서 보내는 자나 보냄을 받은 자가 모두 당신 안에서 하나이며 그 열매를 나누게 될 줄로 압니다. 그 상급을 나누게 될 줄로 압니다. 아마존 사역을 위하여 지금까지 일으킨 수많은 종들로 인해 주님께 감사를 드립니다. 아무쪼록 당신께 간구하옵기는 지금까지 당신이 만 배로 보상하신 것처럼 이 땅과 영원에서 만 배로 갚아 주옵소서."

아마존 사역을 알린 CGNTV

III

아마존 사역을 소개하고 싶다고 여러 번 각종 매스컴에서 연락이 왔으나 나는 매번 거절했다. 부득이한 일이 생겨서 기독교방송에 나가 간증을 몇 번 하기는 했다. 하지만 아마존을 방송하는 것은 절대 허락하지 않았다. 주님이라면 만천하에 자신의 사역을 공개하지 않으리라는 생각에서였다. 또 다른 이유는 브라질 정부가 인디오 부족의 삶을 외부에 공개하는 것을 금지하고 있기 때문이었다.

2012년 10월 CGNTV 직원이라는 사람이 전화를 했다. 아마존에 오게 되었다며 곧 찾아와서 만나겠다는 것이다. 무슨 말인지 이해하기 어려웠다. 한국에서 투병하고 있는 허 선교사가 방송사의 아마존 방문을 허락할 리 없었다. 그래서 매일 그 직원과 여러 시간에 걸쳐 통화를 해서 설득했다. 나중에는 그들과 입씨름하는 게 힘들었는지 입술이 부르텄다. 하지만 그들은 이미 항공권을 구입했노라고 막무가내였다. 내가 알고 있는 상식으로는 항공권을 취소할 경우 많은 수수료를 내야 하는데, 그들의 월급에서 그 수수료를 감당하는 것이 큰 부담이 될 것 같았다. 그래서 아마존에 오라고 허락했다. 한 편으론 주님이 그동안 한 번도 매스컴에 소개하지 않았다는 나의 자랑을 깨고자 하신다고 생각해서 문을 열었다. '알려지지 않은 진실한 선교사'라는 간판을 떼야 자기 의를 내려놓을 것 같아서, 알려지지 않은 선교사가 아니라 보통 선교사로 나타나고 싶었다.

그렇게 해서 아마존이 열렸다. 오성환, 강아름 PD와 김재경 촬영감독에 의해 두 편의 다큐멘터리가 만들어졌다. 다큐멘터리는 시청자로부터 호응을 얻는 데는 성공했으나 선교비는 오히려 줄었다. 우리 사역의 규모를 본 후원자들이 다른 선교사님들에게 후원을 돌렸으리라 생각한다.

그러나 크게 감사한 것은, CGNTV가 가진 영성을 발견하게 된 것이다. 아마존에서 CGNTV를 시청하는 선교사가 얼마나 될까? 그럼에도 불구하고 고가의 위성 수신료를 내면서 선교사들을 위해 24시간 방송을 송출한다. 밑 빠진 독에 물 붓기 같은 손익을 계산하면 답이 나오지 않는 일이다. 우리가 하는 아마존 사역도 인간적인 눈으로 보면 시간 낭비요 자원 낭비 같아 보인다. 깊은 정글을 헤치고 어렵사리 찾아가면 고작 50명이거나 많아야 300명이 거주하는 마을이 나타난다. 한 사람이라도 복음을 듣게 하려고 많은 자원을 낭비하면서 그토록 애를 쓰며 며칠을 걸려 찾아가는 것이다. 세상적인 관점에서 보면 답이 안 나오는 일이고 온통 헛된 일 같지만 그것은 한 마리 양을 찾기 위해 99마리의 양을 우리에 두고 길을 나선 주님을 따르는 일이다.

아마존에 온 CGNTV 직원들에게서 나는 커다란 감동을 받았다. 광고 수입에 의존하지 않고 후원에만 의지해서 방송에 헌신하는 그들의 삶이야말로 선교적 삶이었다.

주님이 원하시는 것은 내가 사랑을 증명하는 것이 아니라
그분 안에 머무는 것이었고 그분으로 살아가는 것이었는데,
나는 내 열심으로 주님을 기쁘시게 하고자 했다.

Part 3

마침내
주와 연합하다

7장

가슴 찢는
회개

어리석은 발람처럼

|||

내게 주신 모든 은혜를 내가 여호와께 무엇으로 보답할까 내가

구원의 잔을 들고 여호와의 이름을 부르며 여호와의 모든 백성

앞에서 나는 나의 서원을 여호와께 갚으리로다 시 116:12-14

아무것도 아닌 내게 주님은 너무 풍성한 은혜와 은사를 주셨다. 때로 상상할 수 없는 기적을 베풀어 주셨다. 내가 기대하는 것보다 주님은 훨씬 너 큰 사역들을 이루어 주셨다. 이 모든 은혜를 주신 것

은 내가 주님께 더 가까이 나아오라고 길을 보여 준 것이었다.

　그런데 나는 주님께로 가지 않았다. 그분이 내게 원하신 일, 가장 중요한 일, 나 자신을 부인하고 십자가를 지는 일은 하지 않았다. 나는 사역에 충실하고 최선을 다하고 싶었다. 한 사람이 주님을 영접하고 변화되는 것을 보는 기쁨이 마약을 하고 얻는 기쁨과 같을까 생각할 만큼 그 감격을 좇았다. 그것이 주님이 기뻐하시는 일이라고 생각해서 행복했고 기뻤다. 하지만 거기엔 주님이 계시지 않았다.

순전히 나의 착각이었고 오해였다.

허 선교사가 늘 말했다.

"김철기 선교사가 없으면 아마존이 무너지고 신학교가 문 닫겠는가?"

사역에 목숨을 걸다 보니 언제나 긴장했다. 일의 효율성을 위해 늘 머릿속으로 사역을 구상했다. 좀 더 완벽하게 잘하고 싶어서 24시간 사역만 생각했다. 밤에 잠을 자는 동안에도 사역만 생각했다. 그러므로 쉼이 전혀 없었다. 평안이 없었다. 허 선교사는 내게 일 중독에 걸렸다고 말했다.

그럼에도 불구하고 주님이 은혜를 거두어 가지 않으시므로 주님이 주시는 영감으로 매 주일과 수요일은 물론 새벽기도에 설교를 했다. 나는 가끔 설교 시간에 "나는 아주 유능한 선교 경영가이지만 주님의 사람은 아닌 것 같다. 내가 주님의 사람이 되기를 바란다"고 고백하기도 했다.

언젠가 내가 아마존을 떠나게 될까? 그럴지도 모른다고 생각하면 온몸에 소름이 돋았다. 왜 그럴까? 처음엔 아마존을 사랑하고 형제들을 사랑해서였겠지만 지금은 집착이 되어 버렸는지도 모른다.

그날도 모터보트를 타고 부흥회 인도를 위해 머나먼 인디오 마을을 향했다. 그런데 수산나가 보트 안에서 읽으라며 편지를 주었다. 내용인즉 제발 좀 쉬라고, 엄마와 가족도 생각해 달라는 것이었다. 나는 속으로 코웃음 치며 '아이고 웃기네. 저나 잘하지 딸 주제에 주제넘기는' 하며 편지를 강물에 버렸다. 마치 발람이 유혹에 빠져 발락에게 갈 때 불순종하는 나귀의 의도를 알아차리지 못한 것처럼 (민 22:22-24) 당시 내가 그랬다. 어린 딸도 알아차린 나의 무지와 어리석음을 나는 몰랐다.

나는 사역을 진행할 때 가장 먼저 허 선교사가 도와주기를 바랐다. 그것도 아주 흡족하게 잘해 주기를 바랐다. '나도 선교사이지만 너도 선교사다. 마땅히 너도 이만큼 해 주어야 하지 않겠느냐' 하는 마음이 있었던 것이다. 뿐만 아니라 주변의 사역자들에게 내가 원하는 만큼 일해 주기를 강요했다. 모두 나로 인해 힘들어했다.

나는 왜 그랬을까? 종교적 야망이었다. 사람들에게 칭찬 받자는 욕심은 아니었다. 명예욕도 아니었다. 사람들 눈에는 보이지 않는 종교적 야망에 눈이 멀었다. 그래서 생명의 주님을 버리고 내 거룩한 야망을 따랐다. 그것이 야망일 뿐임을 알아차린 것은 허 선교사가 내 곁을 떠난 뒤였다. 나는 가장 가까이 있는 아내도 사랑하지 않으면서 인디오 형제들을 위하여 목숨을 바치겠다고 맹세했다. 나는 희대의 사기꾼이었다. 위선자 중에 위선자였다. 그렇게 마귀에게 속아서 수십 년을 살아왔음을 알았을 때는 이미 돌이킬 수 없는 강을 건넌 뒤였다. 나는 58세에 홀아비가 되어 있었다.

나는 내가 가증스럽다

|||

허 선교사가 병원의 요구로 조직검사를 받았다. 결과는 종양이 있는데 그게 암인지 아닌지 모르겠으나 크기가 3cm나 되니 일단 수술하자고 했다. 그러면서 종양이 암이라면 시간이 좀 걸릴 것이라고 했다. 허 선교사는 이른 아침 7시에 온 오창학 목사님의 기도를 받고 수술실로 들어갔다. 나는 오랫동안 아마존에 나가 있던 탓에 한국 병원의 시스템을 잘 몰라 처음에 모든 것이 낯설었다. 그런 나를 위해 신학교 동기인 남은우 목사님이 와서 나와 함께해 주었다.

제발 암이 아니길 빌었지만 수술 시간은 자꾸 지체되고 있었다. 수술실 앞에 있는 간호사에게 묻자 암이 발견되어 늦어진다고 했다. 다리가 후들거리며 머릿속이 하얘졌다.

암이라는 것을 몰랐던 까닭에 암이 아니길 기대하며 많은 사람들이 병원에 속속 도착했다. 울산 한마음교회 목사님과 성도님들, 신촌교회 김미자 권사님, 부항중앙교회 장철환 장로님 내외 그리고 이모님 세 분도 오셨다. 그분들께 깊이 감사드린다.

약 네 시간에 걸친 수술이 끝나고 회복실로 옮겨지는 허 선교사의 모습은 내게 너무 충격적이었다. 마치 숨이 멎은 것 같은 얼굴, 환자 가운에 묻은 피… 그때의 충격은 말로 옮기기 어렵다. 밤이 다 되어 회복실에서 중환자실로 옮겨졌다.

그사이 손님들은 돌아가고 나 혼자 중환자실 앞에 있는 보호자 대기실로 들어섰다. 보호자들로 가득했다. 이미 이곳에서의 생활이 오랜 사람도 많아 보였다. 한밤중 통곡 소리와 함께 보호자 대기실을 떠나는 사람들도 있었다. 그날 밤은 너무 두렵고 소름 끼치게 외로웠다.

다음 날 아침 중환자실로 가자, 허 선교사가 침대에 앉아서 입에 장난감 같은 것을 물고 있었다. 폐를 움직이게 하고 폐에 가래가 고이지 않도록 강제로 끌어내는 기구였다. 아니 벌써 이렇게 좋아졌나 싶어 너무 감사했다.

일반 병실로 옮긴 뒤 담당의사가 와서 결과를 알려 줬다. 선암(腺癌)이라고 부르는 폐암 2기A단계인데 임파선 하나에 전이되었다면서 항암치료를 받아야 한다고 했다. 의사는 통계적으로 폐암 2기 환자는 5년 내에 사망하는 경우가 50%이고, 5년 이상 생존할 경우도 50%라면서 절대 아마존으로 돌아가지 말라고 했다.

하지만 나는 열흘 후에 브라질로 돌아가야 했다. 학기가 끝나는 동시에 외부 강사를 모시고 인디오 마을 지도자 교육이 열흘간 있는 데다 졸업식도 있었다. 발이 떨어지지 않았지만 허 선교사를 이모님 댁으로 옮겨 놓고 길을 나섰다. 떠나는 날 화사한 꽃바구니를 주문하여 허 선교사 방에 놓아 주었다. 아파트 앞에서 작별인사를 하는데 허 선교사가 함께 가지 못해서 미안하다고 울었다. 나는 따라 울까 봐 황급히 돌아서서 공항으로 갔다.

그때 내가 어떤 기도를 했던가?

"선하신 주님, 당신의 여종을 주님께 의탁합니다."

얼마나 아름다운 기도인가? 얼마나 신앙적인 기도인가?

그런데 그것은 사치스러운 기도였다. 50%는 살고 50%는 죽는
다고 했는데 허 선교사는 반드시 살 것이라 믿었다. 얼마나 주님을
사랑하는 여인인가. 본인의 목숨보다 주님과 인디오 형제들을 더 사
랑한 여인이 아닌가. 그들을 지도자로 세우기 위해 얼마나 헌신했던
가. 공기보다 삐융이라는 벌레가 더 많아서 온몸이 짓무르고 피부가
소나무 껍데기처럼 변해도 결코 물러서지 않는 하나님의 전사가 아
닌가. 폭포와 폭포를 넘고 험난한 길도 마다 않던 용감한 군사이지
않은가. 주님이 그런 그녀에게 기적을 베풀지 않는다면 도대체 누구
에게 기적이 일어날 수 있겠는가.

그래서 나는 그렇게 허세를 부리는 기도를 했다. 그때 내가 해
야 할 기도는 회개기도였는데, 내 마음을 찢고 그동안 내가 붙들고
살던 내 자랑과 자기 의, 종교적 야망을 버렸어야 했는데, 나는 가증
스럽게도 주님께 허세를 부렸다. 아내가 폐암 수술을 해도 낙심하지
않고 주님을 원망하지 않는 신실한 선교사라고 남들에게 보이고 싶
어 했다. 나는 허 선교사의 고통을 내 의를 드러내는 데 이용한 거룩
함을 흉내 내는 악한 자였다. 주님은 내가 얼마나 가증스러웠을까?

그때를 생각하면 아내에게 너무 미안하고 부끄럽다.

> 내가 증언하노니 그들이 하나님께 열심이 있으나 올바른 지식
> 을 따른 것이 아니니라 하나님의 의를 모르고 자기 의를 세우
> 려고 힘써 하나님의 의에 복종하지 아니하였느니라 롬 10:2-3

나는 위선적인 선교사였다

허 선교사가 폐암 수술을 받고 내게 이렇게 제안했다. 이제 좀 쉬고 싶으니 사역을 좀 줄이면 어떻겠냐고. 이미 우리 사역은 동역하는 선교사에 비해 일이 너무 많았다. 65명이 공동생활을 하는 신학교 운영, 내가 목회하는 제1교회와 개척 교회, 교회 내 진료원과 병원선 의료 사역 등이 그것이다.

나는 사역을 시작하기 전에 오랫동안 기도하고 연구하여 결정했다. 사역 결정에서 삼위일체의 원칙을 따졌는데, 현지의 필요, 선교 동역자들의 이해와 협력 가능성, 우리 선교회의 준비가 그것으로 이 세 가지 조건이 만족할 때 사역을 결정했다. 오랜 기도와 세심한 연구 끝에 하나님께서 원하신다는 허락이 떨어졌을 때 어떤 일이든 시작했다. 때로 너무 오래 기도하다가 기회를 놓치기도 했다.

누가 나의 이 같은 사역 결정 방식을 틀렸다고 말할 수 있겠는가? 문제는 주님이 직접 하신 일이 아니고, 내가 기도하고 내가 결정하고 일을 시작했다는 것이다. 어디에도 문제는 있을 수 있다. 잘못을 인정하고 취소도 할 수 있어야 한다. 하지만 나는 그토록 오랫동안 기도하고 연구하고 최고로 현명한 삼위일체 방식의 과정을 거쳤기 때문에 내 잘못이나 실수를 인정할 수가 없었다. 그렇게 신중하게 결정한 만큼 그것은 주님의 뜻이라는 거짓 확신도 갖고 있었다.

결국 내가 선교의 주체였던 것이다. 나는 완벽주의자로 살았다. 약속한 것은 반드시 지키고, 비록 내가 손해 보더라도 신뢰를 저버리지 않았다. 그것이 주님보다 더 중요했다. 다른 사람이 더 중요했고 주님은 다음이었다. 사람 눈치를 많이 보았다는 말이다.

이제 좀 쉬고 싶으니 사역을 좀 줄이면 어떻겠냐는 허 선교사의 제안을 나는 받아들이지 않았다. 이것이 가슴속에 깊은 회한으로 남아 나를 두고 두고 통곡하게 한다. 사역을 줄이기는커녕, 오히려 나는 싼타이사베우와 바르셀로에 교회를 개척했다. 굳이 변명을 한다면 선교 사역은 교회가 자동적으로 성장하듯이 자동적으로 커질 수밖에 없다.

그런데 그 뒤에 숨은 진실은 무엇인가? 내가 오랫동안 기도하고 연구한 뒤 시작한 사역인 만큼 그것은 하나님의 뜻이라는 확신이었다. 나의 확신을 하나님의 확신으로 착각한 것이다.

선교사로서 나는 선교 보고를 할 기회가 아주 많았다. 그런데 돌아보니 하나같이 위선적이었다. 왜 위선적인가? 사람을 기쁘게 하고 그들에게 잘 보이고 싶은 마음으로 선교 보고를 했기 때문이다.

1990년 9월 선교사로 파송되기 전, 장신대에서 선교사 훈련을 받았는데, 그때 박광자 선교사님이 현지인들의 흉한 부분만 사진으로 촬영해서 본국 교회에 보내지 말라, 선교지의 어려운 면만 부각하지 말라고 가르쳤다.

나는 첫 3년간은 아마존의 경치만 찍었다. 형제들의 모습을 찍지 않았다. 허 선교사가 인디오 형제들을 찍지 않았다면 아마 우리는 선교 보고를 하기 힘들었을 것이다. 나는 또 선교 보고를 할 때 아마존의 삶이 덥고 고생스럽다고 말하지 않으려 애썼다. 내가 잘하고 있다고 말하는 것이 몹시 두려워서 선교 보고가 늘 맹숭맹숭했다.

얼마나 모범적인 선교사인가? 나도 그렇게 생각했다. 그러나 내가 사진을 찍지 않은 일, 아마존의 환경을 말할 때 사실대로 말하지 않은 일, 선교를 잘하고 있음을 드러내려 하지 않은 일, 이 모든 것은 박광자 선교사님의 가르침 때문이 아니었다. 두려움 때문이었다. 사람들에게 자기 자랑을 일삼는 선교사로 인식될까 봐 두려웠다. 그렇게 잘 보이고 싶은 마음이 숨어 있어서 자유함이 없었다. 얼마나 큰 위선인가? 주님이 행하신 일을 잘 설명해야 하는데 주님은 감추고 나를 드러내고 싶어 했다. 그래서 내 선교 보고는 힘도 없고 주님의 은혜도 없었다. 반면 허 선교사의 선교 보고는 힘이 있고 은혜가 있었다.

설교할 때도 마찬가지였다. 나는 모든 것을 조심했다. 주님만을 증거하는 것에 초점을 맞추고 나의 약함과 십자가를 증거해야 했다. 하지만 나는 세상에 대하여 죽지 않고 세상도 내게 대하여 죽지 않은 까닭에 십자가 대신 교묘하게 나를 자랑했다. 내 자아는 속으로 말하기를 나는 훌륭한 목사다, 누구누구는 자기를 자랑하는데 나는 내 자랑을 절대 안 한다 하며 속이고 또 속였다. 그러면서 자기 자랑을 일삼는 설교자들을 마음속으로 비난했다. 언제까지 그렇게 했는가? 내가 모든 것을 잃고 주님께서 내 자아를 십자가에 못 박아 주실 때까지 그랬다. 나는 주님의 종이 아니고 두려움의 종, 사람의 종으로 살았다.

> 나를 위하여는 약한 것들 외에 자랑하지 아니하리라… 그러므로 도리어 크게 기뻐함으로 나의 여러 약한 것들에 대하여 자랑하리니 이는 그리스도의 능력이 내게 머물게 하려 함이라
>
> 고후 12:5, 9

그러나 내게는 우리 주 예수 그리스도의 십자가 외에 결코 자

랑할 것이 없으니 그리스도로 말미암아 세상이 나를 대하여 십자가에 못 박히고 내가 또한 세상을 대하여 그러하니라

갈 6:14

그릇된 회개

|||

많은 사람들이 허 선교사가 아픈 것은 나를 회개시키기 위함이라고 말했다. 내가 회개하지 않으면 아내가 죽는다고 말했다. 감당하기도 받아들이기도 어려운 말들이었다. 더구나 그즈음 선교비가 늘 모자라서 전전긍긍하느라 마음을 자주 빼앗겼다. 그래서 더더욱 회개하기를 소원했다. 그런데 나중에 깨닫고 보니, 나는 주님을 어르고 달래서 내 소원을 이루고자 하는 목적으로 회개했다.

하나님이 그들을 죽이실 때에 그들이 그에게 구하며 돌이켜 하나님을 간절히 찾았고 하나님이 그들의 반석이시며 지존하신 하나님이 그들의 구속자이심을 기억하였도다 그러나 그들이 입으로 그에게 아첨하며 자기 혀로 그에게 거짓을 말하였으니 이는 하나님께 향하는 그들의 마음이 정함이 없으며 그의 언약에 성실하지 아니하였음이로다 시 78:34-37

전에 나는 시편 78편 36절 "그들이 입으로 그에게 아첨하며 자기 혀로 그에게 거짓을 말하였으니" 라는 구절을 이해할 수 없었다. 어떻게 인간이 주님께 아첨을 하며 거짓을 말할 수 있을까. 그런데 바로 내가 그랬다. 허 선교사가 투병을 하는 동안 내가 한 회개는 사실 내가 이렇게 회개하니 주님이 뜻을 돌이키셔서 살려 달라는 아첨이었다. 즉 회개를 통해 나를 변화시키고 주님의 뜻이 이루어지기를 바란 것이 아니라 어떻게든 아내를 살리고 싶은 욕심으로 주님을 이용하려고 했다.

"오 나의 하나님, 당신 홀로 순결하시고 능력이 있으십니다. 영혼의 근원 안에 있는 이 사악함을 정결하게 하실 수 있는 분은 오직 당신 한 분뿐이십니다. 하지만 당신은 오직 당신께 자신을 전적으로 내어 드린 영혼들 안에서만 그 일을 행하시며 감히 자기 재간으로 정결케 하려는 영혼들 안에서는 그리하지 않으십니다. 오직 하나님만이 우리를 창조하실 수 있었으므로 우리에게서 이기적이고 사악한 본성을 가져가시고 우리를 혁신적으로 정결케 하실 능력을 가지신 분도 하나님 한 분뿐이십니다." (잔느 귀용의《욥기》중에서)

회개는 절대적으로 필요하다. 그런데 자아가 살아 있고 목적을 이루기 위해 하는 회개는 주님을 속이는 종교 행위다. 나는 회개했다는 행위로 말미암아 내가 의로워졌다고 오해했다. 율법적이고 자기중심적인 나를 돌이키려 회개했다가 나는 도리어 회개했다는 자랑을 하나 더 달았다.

나는 삯군 목자였다

|||

나는 선교의 열매들을 내가 이룬 노력의 결과라고 오해했다. 예배당을 가득 메운 교인들과 규모 있는 사역들, 나한테 세례를 받거나 안수 받아 목사가 된 목사들… 이 모두를 자랑스럽게 여겼다. 물론 사람들 앞에서는 지극히 겸손하게 하나님이 모두 하셨다고 고백하고 하나님을 높였다. 그러나 마음 깊은 곳에서는 아마존을 누비고 다닌 나의 수고를 더 높이 여겼다. 하나님의 손과 발이 된 것밖에는 내가 한 일이 없는데도 그렇게 교만했다.

얼마나 큰일을 했느냐가 중요한 게 아니라 얼마나 주님으로 인해 일했느냐가 중요하다. 주님은 내가 주님으로 인해 일하지 않았음에도 감당할 수 없는 열매를 주셨다. 내 사역 대상인 형제들을 불쌍히 여기셔서 그들을 구원하고 변화시키신 것이다. 그러니 나는 더욱

할 말이 없는데도 삯군으로 일한 것을 오히려 자랑스럽게 여겼다. 그러면서 모세의 자리에 앉아 다른 선교사들을 비판하고 판단하기 바빴다.

자아가 살아 있고
목적을 이루기 위해 하는 회개는
주님을 속이는 종교 행위다.

8장
아마존에서 맞은
겨울

아내의 폐암이 재발하다

ㅣㅣㅣ

2010년 4월 10일, 마나우스주 법원 판사 앞에 서서 브라질 시민으로서 법을 잘 지키겠다는 선서를 했다. 그런 다음 한국에 검사 받으러 간 허 선교사에게 전화했다. 그날 검사 결과가 나오는 날이었다.

허 선교사는 내가 염려할까 봐 미리 나를 준비시켰다.

"여보 너무 걱정하지 마."

그러나 그 순간 눈앞이 노래졌다. 원발성 암이 시작되었지만 재발은 아니니 걱정 말라고 했다. 암이 재발했구나. 돌아올 수 없는 강을 건넜구나, 그리고 무슨 말을 했는지 기억이 나지 않는다. 얼마 후 정신이 들자 이렇게 기도했다.

"주님, 당신의 제자들이 보냄 받은 땅에서 뼈를 묻고 죽었습니다. 저도 보냄 받은 이 땅에서 이 땅의 사람들과 같이 묻히려고 시민권을 얻었습니다. 그런데 이게 웬일입니까?"

나는 지구별에 홀로 버려진 고아가 된 것 같았다. 너무 기가 막혀 눈물도 나오지 않았다. 절대로 그런 일은 일어나지 않을 거라고 믿은 만큼 절망이 컸다.

"허 선교사가 얼마나 주님을 사랑하는지 주님이 누구보다 잘 아시지 않습니까? 그녀가 언제 명예나 권력을 구한 적이 있습니까? 노후를 위하여 적금을 들었습니까? 주리고 목마르며 헐벗고 매 맞으며 정처 없이 살던 여인이 아닙니까? 친히 손으로 수고하고 모욕을 당해도 축복하고 비방을 받아도 참으며 권면하지 않았습니까? 사도 바울처럼 그렇게 살았는데 왜 이런 시련을 주시는 겁니까? 녹색의 지옥이라고 부르는 아마존으로 당신이 원하신다고 하여 고국과 가족들을 멀리하고 떠나왔습니다. 인디오 형제들이 끝없는 배신과 속임과 협박과 독약으로 살해하려고 해도 그들을 지도자로 세우려고 새벽부터 밤까지 수고했습니다. 자기 생명을 조금도 귀한 것으로 여기지 않았습니다. 그런 당신의 여종을 버리십니까? 사도 바울은 적어도 자녀가 없었습니다. 그런데 허 선교사에게는 왜 송아지를 떼어 놓고 벧세메스로 울며 가는 소와 같은 아픔을 주시는 겁니까?"

하나님께 너무 서운했다. 야속했다. 인과응보의 결과를 주시지 않는 하나님께 치를 떨며 분노했다. 그리고 그때 나는 알았다. 그동안 내가 주님을 사랑한다고 한 모든 사랑과 헌신이 모두 나를 위한 종교 행위였구나. 주님을 믿고 따르며 충성하면 만사 형통의 복을 주실 줄 알았는데 그렇지 않자 내가 하나님께 시험이 든 것을 확인하였다. 그렇게 하나님께서 내 속의 악을 보여 주셨다.

허 선교사에게 암이 재발된 뒤 3개월은 내가, 나머지 3개월은 수산나가 한국에 가서 간호를 했다. 한국에 있어도 아마존에 돌아와서도 많이 힘들었다. 허 선교사 곁에 있는 동안은 말기암 통증과 항암 치료 부작용으로 고통당하는 모습을 지켜보는 것이 고통이었고, 아마존에 와서는 내가 없는 동안 어떻게 지낼까 걱정되어 마음이 무너졌다.

그러나 지금 돌아보면, 그때 그 감사한 시간들을 그냥 흘려보냈다는 생각이 든다. 남아 있는 시간이 그렇게 짧을 줄 알았다면, 그 시간이 얼마나 소중하고 감사한 시간인 줄 알았다면, 좀 더 최선을 다했을 텐데, 그냥 흘려보내고 말았다.

나는 아마존에 돌아오면 신학교 채플에 들어가 철야를 했다. 나무판자로 만든 의자에 담요를 깔고 기도하다가 자고 자다가 기도하기를 반복했다. 낮 동안 일하는 중에도 허 선교사를 살려 달라고 기도했다. 기도하고 또 기도했다. '우리의 소원은 통일 꿈에도 소원은 통일 이 정성 다하여 통일'이라는 노래에 가사를 바꿔 '나의 소원은 회개 꿈에도 소원은 회개, 이 정성 다하여 회개'라고 할 만큼 회개의 영을 보내 달라고 애걸복걸했다.

어느 날 주님이 내 마음에 감동을 주시기를 "너는 나보다 아내를 더 사랑했다. 아내가 네 우상이다"라고 해서 "주님 용서해 주십시오. 이제 주님을 더 사랑하겠습니다. 그러니 제발 아내를 살려 주십시오" 했다. 한번은 밤에 기도하는데 "네 기도가 하늘에 사무쳤다. 그러니 더 이상 기도하지 말라" 하는 환청을 들었다. 함박눈이 내리는 것처럼 내 기도가 천지에 쌓여서 눈처럼 내리는 환상도 보았다.

그러나 허 선교사의 상태는 점점 더 나빠졌다. 우리가 흔히 자신이 소원하는 것을 이루기 위해 잘못 해석하는 "믿음은 바라는 것들의 실상이요 보이지 않는 것들의 증거니 선진들이 이로써 증거를 얻었느니라"(히 11:1-2)는 말씀이 내게 이뤄지기를 간절히 바랐다. 그런데 그때 그렇게 기도하게 하신 주님께 감사한다. 만일 내가 그때 그렇게 기도하지 않았다면 문제 해결만을 위하여 무작정 매달리며 기도하는 사람들을 이해하지 못하고 정죄하고 판단했을 것이기 때문이다.

어떤 종교학자가 "신은 인간이 추구하는 욕망의 화신이다"라고 했던가? "내가 하나님께 충성과 사랑을 바친 만큼 내게 갚아 주십시오" 라는 무언의 계산이 있었음을 나는 그때 알았다. 내 사랑과 충성에 목적이 있었음을 알았다. 다른 종교인들과 다르지 않음을 알았다. 내 속에도 여느 종교인들과 마찬가지로 하나님을 이용하여 내가 잘되고 싶은 욕망이 득실거리고 있었다. 내 원대로 되지 않자 독사가 고개를 들고 공격하듯이 하나님을 공격했다.

그동안 나는 무엇을 어떻게 믿었는가? 무엇을 설교했는가? 하나님은 민사에 복 주시기 위하여 존재하는 분이라고 믿지도 않고 설교하지도 않았다. 자기를 부인하고 십자가를 지는 대가를 지불하고 제자가 되어 주님을 따라야 한다고 평생 동안 그렇게 믿었고 그 복음을 설교했다. 그러나 그런 삶을 살지는 않았다.

주님은 허 선교사의 암 재발을 통해 내 악을 계시해 주셨다. 이 것이 얼마나 복된 일인가! 주님은 내가 원한 건강이나 명예, 권력, 부를 통해서 나를 강복하지 않으셨다. 반면 그것과 절대로 비교가 되지 않는 복을 주고 싶어 하셨다. 그 복이란 나를 거룩하게 하시고 주님 안에서, 주님으로 인하여, 주님을 위하여 살게 하시는 복이다. 그리스도와 완전한 연합을 이루게 하여 영원한 하나님 나라에 데려 가시는 것이다. 그렇게 하나님은 고통을 통하여 당신의 진실하신 사랑을 내게 드러내셨다.

아내에게 멍에를 지우다

III

2009년은 강력한 회개운동이 불어서 신학교와 교회에서 기도회가 뜨겁게 열렸다. 허 선교사는 암 재발 전이었으므로 열정적으로 기쁨으로 사역을 하였으나 계속되는 기도회와 수업들로 인해 많이 지쳐 있었다. 나는 허 선교사에게 여느 해처럼 성가대의 칸타타 발표회를 하자고 했다. 당시 허 선교사는 오른쪽 팔이 너무 아파서 팔에 붕대를 감고 앉아서 매일 여러 시간씩 성가 연습을 했다. 그 해는 쉬자고 했으면 좋았을 것을, 한 해도 거르고 싶지 않아 그런 어리석은 짓을 했다.

신학교 내 지도자 계속 교육을 위해 LA 감사한인교회 김영길 목사님과 장로님들이 와서 인디오 마을 지도자들을 초대하여 일주일간 집회를 가졌다. 집회가 끝난 후 나와 허 선교사는 오창학 목사님의 은퇴식에 참석하기 위해 한국에 갈 예정이었다. 당시 허 선교사는 완전히 지쳐 있었다. 그런데 나는 허 선교사의 형편은 아랑곳하지 않고 신학교 소개 영상을 만들어 달라고 했다. 그것도 신학생들이 방학을 맞아 집으로 가져갈 수 있도록 속히 만들어 달라고 했다. 허 선교사는 이틀 밤을 뜬눈으로 새우며 겨우 영상을 만들어 학생들 손에 들려 보냈다.

한국에 입국하여 병원에 가서 검사를 받았는데 폐에 염증이 있다고 했다. 암이 재발하는 징조였다.

성가대 발표를 한 해 쉰다고 큰일이 나는 것도 아닌데 왜 그랬을까? 학교 소개 영상이 뭐가 중요하다고 그렇게 했을까? 나는 왜 그렇게 악했을까? 나의 완벽한 사역을 위해 절대 과로해선 안 된다는 걸 알면서도 아내가 과로에 과로를 더하도록 몰아붙였다. 나는 내 이름을 알리기 위해 아내에게 멍에를 씌우고 이용하는 악한 남편이었다.

허 선교사가 얼마나 주님께 충성스러운 여인이었는지는 주변의 모든 사람은 다 안다. 누구도 말릴 수 없는 열정과 헌신의 여인이었다. 내가 무슨 일을 맡기든 200% 완벽하게 만족시켜서 언제나 믿을 만하고 든든한 아내였다.

그랬기에 나는 허 선교사에게 필요 이상의 일을 강요했다. 자주 몸이 힘들다고 고통스러워할 때 불쌍히 여기며 쉬라고 하지 않았다. 위로하며 용기를 주지도 않았다. 내 종교적 야망에 눈이 어두워 희생을 강요했다.

하지만 그때는 내가 그렇게 악한 남편인 줄 몰랐다. 허 선교사가 떠난 뒤에야 내가 허 선교사를 사지로 몰아넣었다는 걸 알았다. 천국에서 다시 만난다면 무릎을 꿇고 엎드려 너무 미안하다, 잘못했다고 사죄하고 싶다. 그렇게 천만 번 용서를 빌어도 내 악을 다 씻을 수 있을지 의문이다. 악인은 땅에 남고 허 선교사는 주님께로 돌아갔다. 나는 그 후로 눈물로 베개를 적시지만, 더는 되돌릴 길이 없다.

통증이 사라지다

|||

우리 내외가 가장 많이 설교 초대를 받은 곳이 남양주에 있는 동부광성교회(김호권 목사님)다. 김호권 목사님은 1979년 후반 카투사

로 군 복무하던 시절에 만나서 늘 은혜를 베풀어 준 친구 목사님이다. 동부광성교회의 양시영 집사님이 허 선교사에게 자신의 병원에 한번 오라고 초대했다. 당시 허 선교사는 임상실험용 항암약을 사용하고 있었는데 사용하던 항암제에 내성이 생기면 암 크기가 다시 커졌다. 항암약을 바꿀 때마다 완치를 기대했다.

2011년 1월 경기도 덕소에 위치한 양시영 내과를 방문했다. 김호권 목사님의 배려로 목사님 집에 머물면서 집중 치료를 받았다. 그런데 양시영 내과에서 광양자 치료를 받고 나서 칼로 살을 베는 것 같은 통증이 줄어들더니 세 번째 받고는 완전히 사라졌다. 허 선교사는 통증이 없으니 너무 좋다며 마치 꿈을 꾸는 것 같다고 했다. 말기암 환자에게 통증이 없다면 얼마나 감사하겠는가?

허 선교사가 주님 나라에 갈 때까지 극진한 사랑과 은혜를 베풀어 준 양시영 집사님, 김호권 목사님 내외, 그리고 동부광성교회 성도님들에게 감사드린다. 우리에겐 생명의 은인처럼 감사한 분들이다.

그렇게 통증이 사라지고 항암약도 하루 한 알 먹는 걸로 교체되자, 허 선교사가 아마존에 가고 싶다고 했다. 2010년 암이 재발되면서 오래 비운 아마존이 그리웠던 모양이다. 2011년에 아마존을 두 차례 다녀갈 수 있었다.

허 선교사가 아마존에 돌아와 약 두 달간 머물게 되었을 때, 나는 허 선교사에게 신학교와 교회를 맡기고 일주일간 선교 여행을 떠났다. 우리 교인 중에 신문기자가 있는데 그 자매와 같이 선교 여행을 떠나면 브라질 전역에 우리가 벌이는 선교 사역을 소개할 수 있겠다 싶어서였다. 치과 환자와 일반 환자 400명에게 도움을 준 선교 여행을 마치고 돌아오자, 허 선교사가 주일날 아침 저녁 두 번이나 설교단에 선 것이 무리가 됐는지 울고 싶었다고 토로했다. 내 욕심을 채우자고 암환자에게, 그것도 재발한 암환자에게 그렇게 무리한 짐을 지웠던 것이다. 나는 여전히 회개가 안 되었던 것이다.

아마존에서 맞은 겨울

|||

15세기의 위대한 영성가 잔느 귀용은 인생에는 내면의 겨울과 외면의 겨울이 있다고 했다. 그 해 우리는 내면의 겨울과 외면의 겨울을 함께 맞았다. 허 선교사의 말기암 투병뿐만이 아니었다. 우리 교회와 신학교, 그리고 나 개인에게도 거센 바람이 몰아쳤다.

11년이나 우리를 돕던 가정부가 우리를 노동법을 관리하는 판사에게 고소했다. 그 가정부의 아들도 우리 신학교를 졸업하고 신학교 사역자로 일하고 있었다. 그런데 그 일로 그 아들도 신학교를 나갔다. 사람들은 "집 안에 독사를 키웠다"고 수군거렸다. 그렇게 오랫동안 가족처럼 사랑했는데 그 모자의 배신은 커다란 아픔이 되었다.

얼마 후 또 다른 사역자가 우리를 크게 낙심시키는 일이 일어났다. 음악을 아주 잘하고 머리가 영민하여 신학교 졸업 후 결혼을 시키고 사역자로 양육하던 제자가 신학교의 독신 사역자를 임신시킨 것이다. 이 사건으로 신학교 명예에 커다란 손실을 입었고, 인디오 형제들이 크게 낙심했다.

한편, 교회에 큰일이 생기면 언제나 발 벗고 나서서 헌신하고 새벽예배에도 절대 빠지지 않던 여성도가 남편과 이혼을 했다. 이 사건은 우리 교회에 큰 반향을 일으켰다.

소도시에서 이만한 사건은 치명적이라 할 수 있다. 그동안 노력하고 헌신하여 쌓아 온 공든 탑이 무너지고 있었다. 일련의 사건들은 우리와 인디오 형제들이 자랑스럽게 여기던 신학교와 교회, 가정이 아무것도 아니었음을 알리고 있었다. 우리는 사람들로부터 비난을 듣고 모욕을 받아야 했다.

그때 우리는 알았다. 주님이 우리의 옷을 벗기시는구나, 나뭇잎을 모두 떨구어 가지만 앙상한 겨울나무로 만드시는구나. 우리는 묵묵히 이 모든 고난을 받아들였다. 내가 주님을 사역으로 오해하고 우상으로 섬기는 것을 까발려서 보여 주셨으니 마땅히 모욕 받으며 회개하였다. 부족한 선교비로 인해 내가 얼마나 돈을 사랑하는지 밝혀 주셨다. 주님은 우리 인생에서 우리가 두려워하는 것들, 염려하는 것들이 세상을 사랑함으로 가지는 우상들임을 가르쳐 주셨다. 마치 양파 껍질을 벗기면 또 껍질이 나오듯이 계속해서 우리의 문제들을 계시하여 회개하게 하시고 그것들에 대하여 죽게 하셨다.

"주님, 우리가 가졌던 내가 한 일이라는 모든 선함의 옷을 벗기소서. 그리고 당신께로 가게 하소서."

언더우드 선교상을 받다

|||

언더우드상이 제정된 첫해부터 신촌교회 오창학 목사님이 내게 언더우드상을 권했다. 오 목사님이 서류를 보내서 어쩔 수 없이 작성했다. 그런데 수상이 거절되었다. 선교한 지 10년도 안 된 데다 여러 면에서 자격이 충족되지 않았기 때문이다. 그 후 여러 분들이 언더우드상에 추천하겠다고 했으나 침묵으로 일관했다. 그러다 2012년 허 선교사의 영적 아버지인 음동성 목사님(동교동교회 원로목사)이 강권하기에 서류를 준비했다.

심사를 거쳐 수상자로 발표되고 얼마 후 학교 측에서 시상식 전에 사진을 찍자고 하여 허 선교사와 함께 포즈를 취했다. 그런데 지금도 어쩌다 그 사진을 볼 때면 부끄러워서 숨고만 싶다. 어째서 그토록 당당할 수 있단 말인가! 수상 소감도 겸손하게 잘했다. 그런데 사진 속의 나는 너무나 자랑스러워하고 있다. 입술로는 이런 상을 받을 자격이 없다고 했지만 속으로는 내가 너무 자랑스러웠던 것이다.

언더우드 선교사님은 한국이 어두운 밤이었을 때, 아무 소망이 없을 때 한국에 입국한 최초의 장로교 선교사님이다. 그리스도인으로서 모범적이고 헌신적으로 산 언더우드 선교사님을 기리는 그 귀한 상에 누를 끼쳤다는 생각에 죄책감을 느낀다. 나는 죄를 먹고 마시는 속물이었다.

내 아들 지훈이

|||

아들 지훈이는 한국과 브라질, 콜롬비아, 미국을 전전하며 공부했다. 딸 수산나도 여러 나라를 거치며 공부했다. 수산나는 언제나 우리 사역을 돕거나 동생 지훈이를 돌봐 주는 모범생이었다. 하지만 지훈이는 고등학교에 입학하면서 사춘기를 심하게 앓았다. 여러 번 가출을 해서 우리 부부는 늘 가슴을 졸였다.

아들은 나이가 들면서 입을 닫았다. 오직 나와 단둘이 있을 때만 겨우 입을 뗐다. 그때를 이용해 이러저러한 질문을 했지만, 아들은 좀체 속내를 보이지 않았다. 고등학교 졸업을 앞두고 아들은 "내가 너무 힘들게 고등학교를 졸업했다. 이제는 제발 좀 쉽게 해 달라"고 했으나 허 선교사의 설득으로 시에서 운영하는 단과대학에 들어갔다.

1년쯤 다니다 다리를 다치는 사고를 당한 뒤 2년제 성서대학에 가겠다고 해서 다시 입학을 했다. 하지만 3개월도 못 다니고 그만두 더니 집을 나가서 연락을 끊어 버렸다. 누가복음 15장에 나오는 하나님 아버지의 마음을 그때 내 아들을 통해서 배웠다. 밤에도 문을 잠그지 않았고 바람 소리에도 아들인가 싶어 문밖을 서성거렸다.

당시 아들은 마약을 하고 갱단에서 활약하는 조직 폭력배였다. 우리는 그 사실을 전혀 몰랐다. 만일 아들이 사회에 악을 끼치는 범죄자인 줄 알았다면 사역을 그만두었을 것이다. 우리는 그저 나쁜 친구들과 어울려 다녀서 어긋나는 모양이라고만 생각했다. 그도 그럴 것이 아들은 마약을 한다는 흔적을 집 안에 남기지 않았고 주일이면 친구들을 데리고 교회에 와서 예배를 드렸다. 우리는 아들이 태어났을 때 "주님 이 아들이 하나님의 종이 되기를 원합니다"고 서원을 했다. 하지만 아들은 아무리 기도해도 어긋나기만 했고 우리 부부를 십자가로 더 가까이 데리고 갈 뿐이었다.

그런 아들이 허 선교사가 암 투병을 시작하면서 주님께 돌아왔다. 국제기도학교(International House of Pray, IHOP)에 들어간 뒤 회개하고 하나님의 종이 되겠다고 서원했다. 지금은 전도사로서 신학을 공부하고 있다. 워낙 특별한 경험을 한 터라 아들은 문제 있는 아이들에게 긍휼한 마음이 커서 그들을 잘 돕고 양육한다. 아이들뿐 아니라 부모들에게도 인기가 많다.

2009년 11월 국제기도학교 대학교(IHOP University)에 다니던 아들이 아마존에 다니러 왔다. 마침 우리 교회는 물론 타 교회 교인들까지 공개적으로 자신의 죄를 자백하며 회개운동이 뜨겁게 타오르던 때였다. 신학교 금요 철야예배 시간에 아들이 갑자기 강대상으로 나가더니 수백 명의 회중들에게 자기 얘기를 하기 시작했다.

"이 사실은 우리 부모도 전혀 모르는 일입니다. 오늘 밤에 성령께서 너무 강권하셔서 내가 고백하려고 합니다. 나는 마약을 했고 마약을 파는 조직 폭력배였습니다."

우리는 아들의 그동안의 행적을 알고 충격에 빠졌으나 교인들은 너무나 감사하게도 아들을 정죄하거나 판단하지 않았다. 오히려 아들에게 고맙다고 인사했다.

우리 부부는 그날 평생 아이들에게 사과해야 한다고, 평생 아이들에게 빚을 졌다고 서로 고백했다. 우리가 하나님을 사랑하고 형제를 사랑한 것은 죄가 아니었다. 문제는 우리 부부의 높은 윤리적 잣대로 아이들을 다룬 것이다. 율법의 종노릇을 하며 아이들에게 씻을 수 없는 상처를 남겼다. 뿐만 아니라 아이들이 필요할 때 우리는 그들 곁에 있지 못했다. 사역에 바쁘다는 이유로 아이들을 배려하지 못했다.

아들은 요즘도 때때로 말한다.

"아빠가 필요할 때 아빠는 나를 거들떠보지도 않았어요."

그러면 나는 "맞다, 미안하다. 아들아, 평생을 사과하마" 하고 말한다.

나는 아내에게 욥의 친구처럼 굴었다

|||

욥의 친구들이 고난당하는 욥을 찾아왔다. 실상을 보니 너무 참담해 그들은 옷을 갈기갈기 찢고 7일 동안 침묵하며 욥의 곁을 지켰다. 욥은 친구들이 7일간이나 아무 말도 할 수 없을 만큼 극심한 고난을 당했던 것이다.

이후 욥의 친구 엘리바스가 욥에게 "죄 없이 망한 자가 누구인가"(욥 4:7)라고 말한다. 즉 네가 죄가 있으니 이런 고난을 당한다고 화살을 쏘면서 한 말이다. 이 말을 하는 엘리바스의 마음에 욥을 사랑하는 마음이 없었던 걸까? 엘리바스가 욥의 고통을 가중시키기 위해 이렇게 말한 것일까? 나는 아니라고 생각한다. 다만 그는 주님이 욥을 대하는 방식을 몰랐을 뿐이다.

나도 투병하는 허 선교사에게 도와주고 싶은 마음이 너무 커서 여러 가지 충고를 했다. "당신도 나처럼 살려 달라고 기도 좀 해. 나는 손이 발이 되고, 발이 손이 되도록 기도하고 또 기도하는데 왜 당신은 살려 달라고 기도하지 않지? 나를 위해서라도 한 번만 기도해"라고 조르고 졸랐다. 그러다 "당신이 용서하지 못한 사람들이 있는 것아니야? 제발 용서하지 못한 사람이 있다면 용서해"라고 다그쳤다.

나는 고통 중에 있는 허 선교사의 위대한 정결함을 보지 못했다. 나는 허 선교사가 안식에 들어가 있는 것을 보지 못했다. 오히려 엘리바스처럼 율법적으로 생각하고 판단했다. 나뿐 아니라 다른 사람들이 쏘아 대는 정죄의 화살 때문에 허 선교사가 얼마나 힘들었을까 생각하면 너무 부끄럽고 미안하다. 하지만 당시는 내가 잘못한다고 생각하지 않았다. 오히려 도와준다고 생각했다. 죄인인 내가 의인인 허 선교사를 핍박한 것이다.

허 선교사는 암 투병 중에 그리스도와 완전한 연합을 이루었다. 허 선교사가 이 완전한 연합에 대하여 간증했을 때, 나는 율법에 매인 소경이라서 그 말을 듣지도 못했고 은혜 받지도 못했다. 가장 가까운 내게 전해 주고 싶었을 체험과 간증을 들어주지 못해서 너무 미안하다.

허 선교사는 평생 자기 목숨보다 인디오 형제들을 더 사랑한 사람이었다. 그런데 암 투병이 시작되면서 주님을 향한 사랑의 빛이 더 찬란하게 타오르는 것을 보았다.

허 선교사는 주님과 연합을 이루었기에 세상에 대한 미련과 집착이 떠난 상태였다. "사는 것이 그리스도니 죽는 것도 유익함이

196

라"(빌 1:21)고 한 사도 바울의 고백은 이미 죽음의 두려움을 초월한 사람만이 할 수 있는 고백이다. 그러므로 허 선교사도 주님께 돌아가는 것을 간곡히 사모하였을 것이다. 그러나 허 선교사는 자기가 떠나면 이 땅에 남겨질 나와 두 자녀들, 그리고 사랑하는 사람들을 위해 끝까지 최선을 다해 병원 치료를 받았다. 사랑한다는 것을 삶으로 보여 주고 떠났다. 우리가 그 사랑을 기억하고 붙들고 살아가라고 그렇게 한 것이다.

누가 허 선교사를 찾아오면 주님을 사랑하라고 권면했다. 통증이 심해서 밤새 잠을 자지 못해도 전화로 상담을 요청하면 전혀 괜찮은 사람처럼 몇 시간에 걸쳐 마음을 다해 격려하고 위로하며 주님의 말씀을 전했다. 암이 더 진전되고 악화된 상황을 알릴 때도 나와 아이들이 걱정할까 봐 마치 다른 사람 얘기하듯이 말했다.

그렇게 모질고 힘에 겨운 고통을 당하면서도 허 선교사는 하나님 아버지가 행하시는 최선의 사랑을 신뢰했다. 원망하거나 불평하지 않았다. 주님께서 당신의 뜻을 이루시기를 기도했다.

여호와께서 그에게 상함을 받게 하시기를 원하사 질고를 당하게 하셨은즉 그의 영혼을 속건제물로 드리기에 이르면 그가 씨를 보게 되며 그의 날은 길 것이요 또 그의 손으로 여호와께서 기뻐하시는 뜻을 성취하리로다 그가 자기 영혼의 수고한

것을 보고 만족하게 여길 것이라 나의 의로운 종이 자기 지식
으로 많은 사람을 의롭게 하며 또 그들의 죄악을 친히 담당하
리로다 그러므로 내가 그에게 존귀한 자와 함께 몫을 받게 하
며 강한 자와 함께 탈취한 것을 나누게 하리니 이는 그가 자기
영혼을 버려 사망에 이르게 하며 범죄자 중 하나로 헤아림을
받았음이니라 그러나 그가 많은 사람의 죄를 담당하며 범죄자
를 위하여 기도하였느니라 사 53:10-12

허 선교사는 주님께서 고통을 허락하셨다고 믿었다. 그리고 본
인의 고통이 누군가에게 포도주가 되고 떡이 될 것을 믿었다. 그래
서 그 고통을 잘 통과하면 그의 열매를 얻게 될 것을 바라보았다. 그
믿음은 나를 변화시키고 아들과 딸 그리고 주님을 사랑하지만 길을
찾지 못하던 많은 사람들을 주님께로 돌이켰다.

허 선교사가 세상을 떠난 뒤 내가 한 번도 만난 적이 없는 많은
사람들이 장례식장에 와서 허 선교사의 설교를 듣고 인생이 변했다
면서 감사 인사를 했다.

허 선교사는 암이 전이되고 복수가 차서 흉관을 통해 복수를 뽑
아 낼 때도 설교 초대를 받으면 긴 치마에 고무 주머니를 다리에 달
고 가서 설교를 했다. 말기암 통증이 너무 커서 모르핀이 든 진통제
를 24알씩 복용하면서도 본인이 십자가의 복음을 삶으로 살아 내고

소유한 증거들을 전하는 데 혼신의 힘을 쏟았다. 설교가 끝나면 먹은 것이 아무것도 없음에도 구토를 수없이 하고 자동차 좌석에 앉을 수도 없어서 뒷좌석에 누워서 집으로 돌아갔다. 허 선교사의 설교는 가장 진실하게 쏟아 낸 유언과 같다. 십자가의 복음으로 돌아가야만 한다는 한국 교회를 향한 선지자의 호소였다.

이렇게 허 선교사가 선포한 설교 18편이 유튜브에 올랐고, 그것을 모아 《내가 왕바리새인입니다》와 《그리스도만 남을 때까지》라는 책으로 펴내게 되었다.

"나도 당신한테는 여자예요"

‖‖

든든한 아내가 있고 가냘픈 아내가 있다고 한다. 허 선교사는 든든한 아내였다. 무슨 일이든 맡기면 탁월하게 잘했다. 설교도 나보다 뛰어났다. 육아와 살림, 음식도 잘했다. 다른 사람을 배려하는 마음과 도와주는 손도 컸다. 눈썰미도 좋아서 우리 교회 예배당은 물론 신학교 채플과 사택의 밑그림을 아주 잘 그렸다. 무엇을 하든 창조적인 능력을 발휘해서 생활을 편리하고 환경을 아름답게 가꾸었다. 그녀는 없지만 신학교와 교회, 병원선 등 모든 곳에 허 선교사의 흔적이 남아 있다.

워낙 출중하다 보니 사람들과 함께 있을 때면 나는 항상 허 선교사에게 질투를 느끼곤 했다. 허 선교사는 운전도 나보다 훨씬 잘했다. 투병 중이어서 내가 운전하면 그렇게밖에 못하냐며 타박했는데 그러면 나는 속으로 내 약점을 꼭 이렇게 건드려야 하나 싶어 화가 났다. 허 선교사가 주님께로 돌아간 다음에야 나는 운전이라도 편하게 못해 준 것에 대해 마음이 아프다.

허 선교사는 나와 헤어지고 만날 때 눈물을 보이는 가냘픈 그런 여자가 아니었다. 그래서 사람들은 허 선교사를 두고 "여장군 같다" "여걸이다"고 말했다.

그래서일까? 나는 내가 허 선교사를 필요로 할망정 허 선교사가 나를 필요로 한다고 생각하지 못했다. 그런데 암이 재발하고 나서 뜻밖의 말을 듣고 나는 몹시 놀랐다.

"나도 당신이 그립고 당신의 도움이 필요해."

그랬다. 세상의 모든 아내처럼 허 선교사도 나의 사랑과 관심에 목말라 하고 있었다. 아니 왜 진작 말하지 않았느냐고 묻자 그녀는 이렇게 말했다.

"당신이 맡은 사명을 감당하는 데 약해지지 않게 하려고."

나는 허 선교사가 아내로서 그런 희생을 감내했는지 몰랐다. 내 눈이 어두웠기 때문이다. 사역에만 눈이 멀어 있었기 때문이다. 내 안에 갇혀 있었기 때문에 내게 가장 가까운 사람의 아픔과 희생을 몰랐다. 허 선교사가 떠난 후 비로소 나는 가슴 찢는 회개를 한다.

최고의 보상

|||

고등학교 1학년 때 복음을 듣고 주님을 인격적으로 영접한 뒤 주님의 사랑에 감사하고 감격하는 경험을 계속 했다. 여러 가지 은 사와 은혜를 주셨다. 나는 주님을 기쁘게 하고 싶어서 내가 무언가 를 하려고 애썼다. 주님을 향한 사랑을 증명해 보이고 싶어서 자꾸 뭔가를 하려고 했다. 주님이 원하시는 것은 내가 사랑을 증명하는 것이 아니라 그분 안에 머무는 것이었고 그분으로 살아가는 것이었 는데, 나는 내 열심으로 주님을 기쁘시게 하고자 했다.

그렇다 보니 율법으로 나가게 되었고 그 함정에 빠지고 말았다. 내가 하는 모든 것이 내 자랑이 되고 업적이 되고 자기 의가 된 것이 다. 나는 주님 안에서가 아니라, 율법 안에서 주님을 가장 사랑하는 사람이 되려고 했다.

주님이 어디를 가라든 무엇을 하라든 무조건 순종해서 내 전부 를 드리고 싶었다. 나는 율법적으로 흠이 없이 완전하고 싶었고, 순 교가 소원이었다.

그런 내게 주님은 예상치 못한 고난을 허락하심으로 내가 위선으로 가득 찬 바리새인이었음을 가르쳐 주셨다. 주님의 보혈의 공로를 거절하고 내 의로 천국에 갈 것을 믿는 데까지 이른 내 죄를 적나라하게 드러내시며 내가 바로 가장 악한 죄인임을 계시해 주셨다.

> 믿음이 오기 전에 우리는 율법 아래에 매인 바 되고 계시될 믿음의 때까지 갇혔느니라 이같이 율법이 우리를 그리스도께로 인도하는 초등교사가 되어 우리로 하여금 믿음으로 말미암아 의롭다 함을 얻게 하려 함이라 믿음이 온 후로는 우리가 초등교사 아래에 있지 아니하도다 너희가 다 믿음으로 말미암아 그리스도 예수 안에서 하나님의 아들이 되었으니 누구든지 그리스도와 합하기 위하여 세례를 받은 자는 그리스도로 옷 입었느니라 너희는 유대인이나 헬라인이나 종이나 자유인이나 남자나 여자나 다 그리스도 예수 안에서 하나이니라 너희가 그리스도의 것이면 곧 아브라함의 자손이요 약속대로 유업을 이을 자니라 갈 3:23-29

이 말씀이 내게 임했다. 그러자 나의 악한 행위가 숨길 곳 없이 드러났다. 지금까지 내가 율법인 초등교사를 따라서 살았구나, 주님을 대적한 죄인 중의 죄인이었구나. 그렇게 나는 주님께 돌아왔고 비로소 그리스도로 옷 입게 되었다. 내 공로가 아닌 주님의 공로로 유업을 잇는 자가 되었다.

"영원한 것을 얻기 위해 영원하지 않은 것을 포기하는 자는 결코 어리석은 자가 아니다"고 짐 엘리엇이 말했듯이, 아담에게서 받은 주님을 대적하는 자아, 옛사람을 버림은 얼마나 큰 축복인가?

> "우리의 훌륭한 의무들은 수없이 찬란한 죄들과 같다… 우리는 죄에 넌더리를 낼 뿐만 아니라… 우리의 의와 모든 성과들까지도 메스꺼워해야 한다. 먼저 마음의 깊은 회심이 있어야만 당신 마음에서 마지막으로 꺼내야 할 우상인 자기 의로부터 벗어날 수 있다."(팀 켈러의 《당신을 위한 로마서》 중에서).

하지만 우리가 아무리 내 자아를 죽음에 넘기려고 애써도 뜻대로 되지 않는다. 주님께서 내 자아를 완전한 죽음에 넘겨서 죽게 해주셔야 한다. 그것이 그리스도인이 이 땅에서 받는 최고의 영광이고 축복이다.

하나님께 쓰임 받은 성경의 인물들은 모두 자아가 죽은 사람들이다. 그들은 이 땅의 어떤 것을 바라거나 미련을 두지 않았다. 오직 하나님의 뜻이 이루어지기만을 바랐다. 자아를 죽음에 넘긴 성도들에 대한 표현이 히브리서에 잘 나와 있다.

또 어떤 이들은 조롱과 채찍질뿐 아니라 결박과 옥에 갇히는
시련도 받았으며 돌로 치는 것과 톱으로 켜는 것과 시험과 칼
로 죽임을 당하고 양과 염소의 가죽을 입고 유리하여 궁핍과
환난과 학대를 받았으니 (이런 사람은 세상이 감당하지 못하느니라)
그들이 광야와 산과 동굴과 토굴에 유리하였느니라 히 11:36-38

하나님의 사람들은 그분을 사랑한 대가로 힘든 연단을 받고 제
명에 죽지 못했다. 그러나 그들은 자아를 죽음에 넘긴 가장 성공한
그리스도인들이었다.

"주님, 우리가 가졌던 내가 한 일이라는
모든 선함의 옷을 벗기소서.
그리고 당신께로 가게 하소서."

9장

다시 태어나도
아마존 선교사가 되고 싶다

"허 선교사를 데려가셔도 좋습니다"

III

허 선교사는 2010년 4월, 암이 재발했다는 판정을 받은 후 2011년 초, 광양자 치료와 이레사 약으로 암 크기가 줄어들어 아마존에 두 번 돌아와서 사역을 감당하기도 했다. 하지만 2011년 말부터 상황이 점점 악화되어 암이 복부로 전이되었고, 장이 유착되어 심한 통증을 느꼈다. 그리고 2013년 6월에는 복수가 찼다.

나는 허 선교사를 잃을까 두려워 밤낮 "주님, 허 선교사를 살려주십시오" 하고 떼쓰는 기도를 했다. 어느 날 이런 상황에서 수님은 내가 어떻게 하길 원하실까 궁금해졌고, 나도 모르게 이런 고백을 했다.

"주님, 허 선교사를 데려가셔도 좋습니다. 그럼에도 불구하고 저는 주님을 사랑하겠습니다."

그러면서 통곡을 했다. 내가 원하지 않았던, 기필코 거절했던 최악의 상황을 나는 받아들이고 있었다. 허 선교사는 내가 유일하게 기댄 언덕이었다. 그런 그녀가 내 곁을 떠나는 일은 내 인생 전체가 무너지는 일 같았다. 그럼에도 나는 "주님 당신의 뜻을 이루소서"라고 기도했다. 이 땅에서 내가 가장 소중하게 여기는 것을 포기함이 자신을 부인하는 것임을, 그것이 그분이 내게 원하는 것임을 깨달았다.

허 선교사가 떠난 후, 내가 했던 기도를 돌이켜 보면서 야곱이 생각났다. 얍복강가에서 천사와 겨루며 그는 뭐라고 말했을까?

"주님, 저는 지금까지 내 지혜로 살았습니다. 그러나 이제 살고 죽는 것을 주님께 의탁합니다. 주님 당신의 뜻을 이루시옵소서."

인간 본성을 거스르는 야곱의 이 기도를 듣고 천사가 마침내 말했을 것이다.

네가 하나님과 및 사람들과 겨루어 이겼음이니라 창 32:28

누가 하나님과 겨루어 이길 수 있겠는가? 아무도 없다. 그러나 하나님은 인간이 인간의 본성을 거절할 때, 하나님과 및 사람들과 겨루어 이겼다고 인정해 주신다. 이때 우리에게서 인간 본성을 거스르겠다는 항복을 받아 내는 이는 주님이시다. 주님이 우리 영혼을 위하여 이 모든 환경을 조성하시고 우리로 하여금 우리의 본성을 거절케 하신다. 이것이 바로 하나님이 우리를 향한 최고의 사랑이고 자비이고 긍휼이고 은혜라고 믿는다.

나와 허 선교사는 평생 십자가의 복음을 믿었고 선포했으며 그

복음대로 살고자 몸부림쳤다. "이에 예수께서 제자들에게 이르시되 누구든지 나를 따라오려거든 자기를 부인하고 자기 십자가를 지고 나를 따를 것이니라"(마 16:24)고 한 말씀을 하나님 나라의 백성이 되고 영생을 얻으며 주님의 제자가 되는 조건으로 여기며 붙들었다.

자기를 부인한다는 것은 무엇인가? '나는 틀렸고 이기적이며 악하고 주님을 대적한다. 내 속에 선한 것이 없으니 내 생각도 내 주장도 부인되는 것이 마땅하다'를 받아들이는 것이다.

십자가를 진다는 것은 무엇인가? 어제의 상황은 잊어버리고 오늘 내게 주어진 모든 환경을 가장 기쁘게 받아들이며 내일을 주님께 의탁하는 것이다. 이런 믿음을 가졌기에 우리는 아마존이 주는 고통과 고난을 오히려 자아를 죽이는 기회라 여기며 기뻐하고 즐거워할 수 있었다.

언제부터 이런 믿음을 가졌는가? 우리 부부가 주님을 인격적으로 만난 20세 초반부터다. 허 선교사의 영적 아버지라 할 수 있는 동교동교회 음동성 원로목사님의 영향으로 시작되었다고 믿는다. 우리가 읽은 초대 교부들의 삶과 금언들을 비롯해 잔느 귀용과 프랑수아 페넬롱, 앤드류 머레이, 십자가의 성 요한, 아빌라의 테레사, 워치만 니, 제시펜 루이스, 마이클 웰스 등의 저서들은 모두 십자가의 복음에 관한 내용들이다. 하지만 내가 본성을 부인하고 주님의 뜻이 이루어지기를 바라며 포기하는 것은 지금까지 내가 알던 복음과 다른 차원의 것이었다. 그것은 어쩌면 가장 깊이 숨겨진 나의 우상을 뽑아내는 과정이었을 것이다. 끝끝내 허락하고 싶지 않은 것을 주님은 나를 사랑하시사 추적하시는 사랑으로 코너로 밀어 넣으시고 결국 항복을 받아 내셨다. 할렐루야!

마지막 호흡까지도 '사랑'

III

2013년 9월 13일은 아내와 내가 결혼한 지 33주년이 되는 날이었다. 백장미 33송이를 주문하여 배달시킨 뒤 나는 11일 아마존으로 돌아가기 위해 샌프란시스코행 비행기에 올랐다. 언제나 그랬듯이 허 선교사를 한국에 두고 떠날 때면 가슴이 무너졌다. 12시간의 비행 끝에 도착한 샌프란시스코 공항의 기내에서 나를 찾는 방송이 흘러나왔다. 김철기 손님은 승무원을 만나라는 내용이었다. 무슨 일일까? 승무원은 내게 사모님이 위독하니 이 비행기를 다시 타고 한국으로 돌아가라고 했다. 승무원이 KAL 직원과 연결해 줘서 입국과 출국 심사를 동시에 밟았다.

한국으로 돌아가는 비행기 안에서 내내 소리 없이 절규했다.

"상한 갈대도 꺾지 않으시고 꺼져 가는 등불도 끄지 않으시는 자비하신 주님, 당신의 자비를 구합니다."

그동안 기도한 내용들이 머릿속으로 스쳐 지나갔다. 죽은 나사로를 살리신 것처럼 허 선교사에게 기적을 베풀어 달라고 무언으로 부르짖었다.

인천공항에 도착하니 견습 선교사로 아마존에 왔던 김낙준 전도사님이 마중 나와 있었다. 공항에서 병원으로 전화하니 허 선교사가 힘겹게 말했다.

"어서 와."

그리고 그것이 나와 나눈 마지막 대화였다.

병원에 도착하니 허 선교사는 기계장치를 주렁주렁 달고 코에는 산소마스크를 끼고 양손으로 침대 모서리를 잡고 가쁜 숨을 몰아쉬고 있었다. 볼펜으로 유언 몇 마디를 주고받았다. 그리고 얼마 후, 이제 정말 마지막이라 생각했는지 그 고통 중에 나를 향해 큰 웃음을 지어 보였다. 그러고는 혼수상태에 들어갔다. 수산나가 좀 쉬라 해서 보호자 의자에 누웠더니 기계장치에서 숨이 멎는 소리가 들려 벌떡 일어나 그녀를 다급하게 불렀다. 그리고 그 순간, 내 머리를 때리는 생각이 있었다. 과연 그녀의 살아생전에 지금과 같은 사랑으로 그녀를 불러 본 적이 있는가.

충격이었다. 나는 허 선교사를 사랑한 적이 없구나. 단지 내 필요를 위해 아내를 이용했을 뿐이구나. 나를 위한 사랑만 했구나. 나의 위선이 적나라하게 까발려졌다. 그에 반해 허 선교사는 마지막

숨을 몰아 쉬면서도 내게 사랑을 보여 주었다. 그녀는 그대로 그리스도의 향기였다.

허 선교사의 죽음은 하늘 꼭대기에 있던 내가 낭떠러지 아래로 떨어지는 충격이었다. 충격은 장이 끊어지는 슬픔이 되었다. 그 슬픔은 나를 회개의 자리로 이끌었다. 회개의 자리는 내 인생 전체가 사기였음을 드러내는 자리였다.

나는 극심한 혼란에 빠졌다. 이른 새벽에 그렇게 세상을 떠난 허 선교사를 밤이 늦도록 이해할 수 없었다. 그녀가 떠났다는 사실이 납득되지 않았다. 아무리 울어도 눈물이 마르지 않았다. 귀에 들리는 것도 없고 눈에 보이는 것도 없었다. 다만 나는 "나의 하나님 나의 하나님 어찌하여 나를 버리셨나이까"라고 절규했다.

밤이 되었다. 마음속에 세미한 음성이 들려오기 시작했다.

"너의 평생 소원이 나와의 연합이 아니었느냐?"

"맞습니다."

"내가 너의 소원을 들어주기 위하여 네 아내를 취했다. 너의 기도를 거절했다."

겨우 혼란이 수습되고 이해되기 시작했다. 하지만 고통은 오히려 더 커졌다.

허 선교사가 떠난 후

III

주께서 맡기신 사명을 이루는 데 자기 목숨을 조금도 귀한 것으로 여기지 않고 충성한 여인 허 선교사는 세상을 떠나면서 이런 유언을 남겼다. 본인이 세상을 떠나면 화장하여 우리가 늘 말하던 신학교 간판 뒤에 묻어 달라는 것이었다.

나는 그 유언을 따라 한국에서 장례를 치르고 아마존으로 오는 중에 뉴저지를 지나면서 지인들의 요구로 가스펠펠로우쉽교회에서 추모 행사를 가졌다. 그리고 아마존에 도착하여 장례식을 다시 했다. 샌디에이고 삼일교회 손찬식 목사님, 상파울루 김태현 장로님 내외와 주호걸 장로님, 브라질리아 아마라우 형제와 도시의 유지들, 군부대 지도자들, 우리 교회 교인들과 신학교 가족들, 인디오 형제들이 장례식에 참석했다. 그들은 마지막 순간에도 형제들을 사랑하는 증거로 아마존에 매장해 달라고 부탁하고 떠난, 허 선교사에게 눈물의 꽃을 바치며 작별인사를 하였다. 그렇게 허 선교사는 한줌의 재로 아마존에 묻혔다.

장례식 후, 우리 도시의 시의회가 허 선교사가 이 지역에서 행한 수고와 업적을 영구히 기억하고 기념하기 위해 교회 앞을 지나는 큰 길을 '허운석 선교사의 길'로 이름을 바꾸었다.

2014년 7월 마침 서울 신촌교회 조동천 목사님과 선교부장 최재

다시 태어나도 아마존 선교사가 되고 싶다

형 장로님과 동행한 단기선교팀이 단기 사역을 마치고 허운석 선교사 길 개통식에 참석했다.

허 선교사가 떠나고 작은 도시에서 일어난 놀라운 변화는 복음의 문이 열린 것이다. 이 도시의 모든 사람들에게 허 선교사는 사랑을 실천한 하나님의 사람으로 인정되었고 그들의 가슴을 녹였다. 그래서 그동안 우리 선교에 대하여 가졌던 모든 의심을 녹이고 복음을 받아들이는 열린 마음으로 바꾸었다. 할렐루야!

진실로 허 선교사는 아마존 땅에 떨어져 죽은 한 알의 밀알이었다(요 12:24).

주님과 연합하다

III

허 선교사가 떠난 것은 내 인생에서 가장 큰 고통과 충격이었다. 그런데 주님은 그것을 뛰어넘는 탁월한 선물을 주셨다. 바로 주님과의 연합이었다. 내가 평생을 두고 소원했던 주님과의 영적인 연합을 선물로 주셨다.

모든 그리스도인들이 주님과 연합을 꿈꾼다. "내가 그리스도와 함께 십자가에 못 박혔나니 그런즉 이제는 내가 사는 것이 아니요 오직 내 안에 그리스도께서 사시는 것이라 이제 내가 육체 가운데

214

사는 것은 나를 사랑하사 나를 위하여 자기 자신을 버리신 하나님의 아들을 믿는 믿음 안에서 사는 것이라"(갈 2:20)는 말씀이 삶에서 자연스럽게 이루어지기를 소원한다. 그런데 그 소원은 주님이 주신 소원이다. 우리는 그분이 심어 준 소망을 좇을 뿐이다.

주님과 연합한 뒤 내게 이런 변화가 나타났다. 내 삶이 완전 무결해졌다고 말하는 것이 아니다. 다만 아래와 같은 증거들을 갖게 되었다.

첫째, '내가 죄인 중의 괴수'(딤전 1:15)라는 인식이 마음 판에 깊고 분명하게 새겨졌다. 물론 전에도 내가 죄인임을 알았다. 그런데 그것은 머리로 이해한 것이었다. 주님과 연합하자 내가 주님을 살해한 가해자이고 죄인 중의 괴수라는 상한 마음이 떠나지 않는다.

둘째, 자기 의와 자아가 완전히 죽음에 넘겨졌다. "내게는 우리 주 예수 그리스도의 십자가 외에 결코 자랑할 것이 없으니 그리스도로 말미암아 세상이 나를 대하여 십자가에 못 박히고 내가 또한 세상을 대하여 그러하니라"(갈 6:14)는 말씀처럼 내가 잘한 일이든 업적이든 중요한 가치든 모두 빛을 잃었다. 세상에 대한 미련도 기대도 욕망도 사라졌다. 그래서 자랑하고 싶은 것이 예수님밖에 없다.

셋째, 주님 안에 사는 삶이 이루어졌다.

내 안에 거하라 나도 너희 안에 거하리라 가지가 포도나무에

다시 태어나도 아마존 선교사가 되고 싶다

붙어 있지 아니하면 스스로 열매를 맺을 수 없음 같이 너희도

내 안에 있지 아니하면 그러하리라 요 15:4

전에는 경건의 훈련을 통해서 주님 안에 있다가 세상으로 나갔다 돌아오기를 반복했다. 그런데 항구적으로 주님 안에 거하는 삶이 이루어졌다. 그 결과는 평안과 안식과 자유 그리고 열매 맺는 삶이다.

넷째, 성경에서 우리에게 요구하는 계명과 율법들을 이룰 수 있게 되었다.

항상 기뻐하라 쉬지 말고 기도하라 범사에 감사하라 살전 5:16-18

네 마음을 다하고 목숨을 다하고 뜻을 다하여 주 너의 하나님

을 사랑하라 마 22:37

이런 말씀은 인간으로선 도저히 이룰 수 없다고 믿었다. 그런데 "내가 그리스도와 함께 십자가에 못 박혔나니 그런즉 이제는 내가 사는 것이 아니요 오직 내 안에 그리스도께서 사시는 것이라"(갈 2:20)는 말씀이 내 삶에서 실체화되자 주님이 요구한 계명과 율법을 이룰 수 있게 되었다.

다섯째, 삶의 목적과 동기가 주님으로 인하여, 주님의 뜻만 이루

어지기를 바라며 살게 된다. "나의 양식은 나를 보내신 이의 뜻을 행하며 그의 일을 온전히 이루는 이것이니라"(요 4:34)는 말씀처럼 삶의 목적과 가치와 의미와 동기가 오직 주님의 뜻을 이루는 것으로 한정되었다.

주님이 선물로 주신 주님과의 연합이 이루어진 후 위의 은혜들이 항구적으로 내 안에 머물고 있다. 주님과의 연합으로 절대로 실수하지 않는다는 의미가 아니다. 하지만 놀라운 것은, 평생을 이 변화를 구하며 몸부림쳤는데, 한순간에 주님이 밀고 들어와 연합을 이뤄 주신 것이다. 주님과의 연합은 우리를 향한 주님의 계획이다. 이를 위해 주님은 끊임없이 기회를 주신다.

'자신을 부인하고 십자가를 지라. 네가 틀렸음을 인정하고 네 본성을 거절하라. 네게 주어지는 모든 환경을 최선으로 주시는 주님의 선물로 받아들여라.'

우리가 매 순간 할 일은 이것이다. 주님과의 연합은 주님이 주시는 선물이다.

주님께서 허 선교사를 취하여 가심으로 나는 아내를 잃었다. 나는 비통했고 억울했고 괴로웠다. 그러나 주님은 허 선교사를 취하시고 대신 주님 자신을 내게 주셨다. 세상의 어떤 가치로도 무엇으로도 환산할 수 없는 영원으로 이어지는 절대 최선인 주님과의 연합을 선물로 받은 것이다. 그러므로 내 것이라고 알던 것들은 사실은 주님이 임시로 주신 것들이다. 이제 주님께서 그것들을 다시 취하실 때, 그것들을 잃어버릴 때 감사한다.

24년 만의 기도 응답

|||

주님이 아마존에 사셨더라면 말라리아에 걸리셨을까 아니면 걸리지 않게 해달라고 기도하셨을까? 주님께서는 우리 형제들의 고통을 친히 경험하셨으리라는 마음이 들었다. 그래서 "주님, 저도 말라리아에 걸리기를 원합니다. 그래서 형제들의 고통을 친히 알고 그들을 돕게 하여 주십시오"라고 기도했다. 한번은 고열이 나서 신음하면서 혹시 말라리아가 아닌가 했으나 아니었다.

"주님, 왜 제게는 말라리아를 허락하지 않으십니까?"

그때 마음에 감동이 오기를 너를 위해서가 아니라 네가 하는 사역이 중요해서 너에게 말라리아를 주지 않는다고 하셨다. 그렇게 24년이 지났다.

2015년 4월 중순에 비박스 말라리아와 댕기열을 함께 앓았다. 한 가지만 걸려도 죽을 만큼 힘든데 나는 두 개가 동시에 걸려서 많이 힘들었다. 6월 중순에는 파우시파루라는 악성 말라리아에 걸렸다. 그리고 10월 중순에 다시 비박스 말라리아와 댕기열에 걸렸다.

1년 만에 24년 동안 걸리지 않던 말라리아를 세 번, 댕기열을 두 번이나 걸린 것이다. 주님이 기도에 응답하신 것에 평안하였고, 형제들의 고통을 친히 경험할 수 있어서 감사하였고, 말라리아에 걸린 형제들을 어떻게 도와야 할지 배워서 기뻤다. 말라리아에 여러 번 걸리고 난 후 나는 비로소 아마존 선교사가 되었다고 믿는다. 24년 만에 비로소 신고식을 마친 것이다.

다시 태어나도 아마존 선교사가 되고 싶다

||||

많은 사람들이 아마존에서 이룩한 우리의 사역을 보고 칭송을 한다. 나도 한때는 그렇게 어려운 환경에서 결실을 맺은 많은 일들을 자랑스럽게 여겼다. 그러나 이제는 너무나 부끄럽고 죄송하다. 나의 종교적 야망을 실현하기 위해 내 열심으로 이룩한 것들이기 때문이다. 내가 처음부터 사도 바울처럼 "육체와 함께 그 정욕과 탐심을 십자가에 못 박고"(갈 5:24) 사역을 했더라면, 내 열심이 아니라 오직 주님으로 사역을 했더라면, 어떻게 되었을까 생각해 본다. 하지만 이미 엎질러진 물이요 지나 버린 시간이 되어 버렸다. 이제라도 내게 남겨진 시간을 주님 안에서 주님으로 인하여 살고자 한다.

우리 부부가 이런 얘기를 주고받은 적이 있다.

"우리는 선교사가 누군지 모르고 선교사가 되었다. 선교사의 삶이 어떤 것인지 미리 알았다면 선교사가 되었을까? 아마 선교사가 되지 않았을 것이다. 그런 일은 없겠지만 만일 우리가 이 땅에 다시 태어난다면 우리는 어디에서 어떻게 주님을 섬기게 될까? 우리가 만일 다시 태어난다고 해도 아마존 선교사가 되어서 주님을 섬기리라."

아마존에서 선교사로 살아가는 일은 결코 쉽지 않았다. 주님을 향한 뜨거운 마음 하나로 선교사가 되었고 아마존의 선교사로 살아왔다. 불같은 시험들을 통과하며 자아가 죽음에 넘겨지고 주님과 연합되는 선물을 받았다. 그래서 다시 태어난다 해도 나는 아마존 선교사가 되고 싶다.

주님은 허운석 선교사를 취하시고
대신 주님 자신을 내게 주셨다.

그동안 몇몇 출판사가 내게 책을 내자고 찾아왔다. 출판과 그 밖의 일은 자신들이 책임질 테니 글만 쓰라고 했다. 하지만 마음이 내키지 않았다. 책을 쓸 자신도 없었고 무엇보다 세상에 알려지는 것이 싫었다. 주님도 자신의 사역이 알려지지 않기를 바랐는데 내가 뭐라고 나와 나의 사역을 알릴 것인가.

그런데 허 선교사가 떠나고 책을 써야겠다는 마음이 들었다. 하지만 무엇을 어떻게 써야 할지 도무지 감을 잡지 못하고 있었다. 그러다 2017년 10월 말 말라리아에 걸려 열흘 동안 꼼짝없이 누워 있을 때 주님이 영감을 주셨고 침대에서 대략의 얼개를 짤 수 있었다.

신학교가 12월부터 2월까지 방학에 들어가면서 그동안 잘못 살아온 참회록을 쓰겠노라고 교회에 양해를 구했다. 그리고 독일 누님네 집에 기거하면서 비로소 참회록을 쓰기 시작했다.

2017년 마지막 날, 까닭 없는 고열로 씨름하다가 1월 1일 낯선 나라에서 병원에 입원했다. 내 몸에 두 개의 말라리아가 있다고 했다. 꼼짝도 못하고 병원 침대에 누워 있는데 마음에 이런 감동이 왔다.

"너 자랑질하지 마라. 글 쓰는 일에 집착하지 마라."

글 쓰는 일에 집착해서 그새 또 주님을 잊어버릴까 봐 주님은 나를 병석에 눕히셨던 것이다. 그런 나를 보고 어느 장로님이 하나님께서 나와 교통하시는 방식이 독특하다고 말했다.

지난 수십 년간 아마존과 형제들에 대한 집착을 헌신과 충성으로 오해하고 하나님을 이용한 것에 대해 회개한다. 그럼에도 내가 죄인 중에 괴수임을 알려 주시고 당신과의 연합을 선물로 주신 주님께 모든 영광과 존귀를 돌려 드린다.

나는 이 글을 쓰면서 매일 내 가슴을 쳤다. 잘못 살아온 인생의 페이지를 한 장 한 장 넘길 때마다 너무 미안하고 죄송해서, 너무 아프고 안타까워서 가슴이 무너졌다. 주님을 대적한 내 죄만 보여서 괴로웠다. 그런 중에도 내게 은혜 베푸시고 사랑으로 함께하신 주님으로 인해 감격의 눈물을 흘렸다. 그리고 그 페이지가 끝날 즈음 주님이 나를 어떻게 부수고 세우셨는지를 깨닫게 되었다.

이제 내 고백은 이것이다.

"당신의 뜻이 저의 뜻입니다. 당신의 뜻만 이루소서."

어느 날은 글이 더 이상 써지지 않아 내가 왜 이러고 있나, 이게 무슨 의미가 있나 싶은 자괴감에 빠졌다. 그럴 때면 엎드려 간청했다. 아직도 숨기고 싶은 내밀한 것이 있는지 드러내 보여 달라고.

나는 왜 아마존에 있는가? 더 이상 말라리아에 노출될 염려가 없는 곳으로 가면 얼마나 좋을까? 폭염의 더위와 쉴 새 없이 달려드는 물것으로부터 자유로운 곳으로 가면 얼마나 좋을까?

그런데 나는 왜 아마존을 떠날 수 없는가?

아직 주님께서 쉬라고 말씀하시지 않았기 때문이다.

다시 말라리아에 걸려서 사경을 헤맬지라도, 주님이 쉬라 하실 때까지, 주님의 뜻이 온전히 이루어졌다고 말씀하실 때까지, 나는 아마존에 있을 것이다.

주님 외에는 나를 기쁘게 하고 가슴 뛰게 하는 것이 없다. 인생의 목적도 가치도 동기도 의미도 주님 외에는 허망하다. 창세 전에 나를 택하신 주님이 선교사라는 이름으로 나를 아마존에 보내셨다.

나는 주님 안에서만 주님으로만 주님을 위해서만 오늘도 일어난다.

우리가 여기에 이르도록 많은 하나님의 사람들이 아마존의 잃어버린 영혼과 우리를 불쌍히 여겨서 힘에 지나도록 도움을 주었다. 우리가 만약 주님의 나라에 가서 상급을 받는다면 우리와 함께해 주신 동역자들께 엎드려 바치겠다. 더불어 그들 한 분 한 분에게 주님이 만 배로 갚아 주시기를 축복한다.

부족한 우리를 영적 부모로 존경하고 사랑해 준 아마존 검은강 상류 신학교 사역자들과 학생들, 우리 교회 제직들과 성도들에게 감사한다. 그들은 우리의 인생이고 사랑이고 기쁨이고 눈물이다. 나와 동갑임에도 불구하고 내 오른팔이 되어 사역에 전념하고, 연말에 사역지를 지켜 준 김창연 선교사님 내외에게 감사한다.

선교사 부모를 만나서 여러 나라를 전전하며 공부하느라 또 율법적인 아버지로 인하여 고생이 많았던 수산나와 지훈이, 특히 암 투병하는 엄마를 돌보느라 혼기를 놓친 딸에게 미안하다. 그럼에도 불구하고 아마존 형제들을 사랑하고 헌신하는 우리 딸과 아들에게 깊이 감사한다.

매일같이 흐린 12월의 독일, 창가에 두 개의 촛대와 환한 호접란 화분을 놓아 주고 따뜻한 방과 맛있는 음식을 제공해 준 독일 브라케의 누님과 매형께 감사한다. 말라리아에 걸려서 제정신이 아닐 때, 따뜻하고 아름다운 포르투갈령 마데이라섬에 데려가서 요양하며 책을 쓰도록 배려해 준 은혜도 결코 잊지 못할 것이다.

나를 주님께로 돌이키기 위해 33년 동안 나를 위해 중보하고 권면하고 희생한 허운석 선교사에게 사죄한다. 허 선교사는 자신을 제물로 드려 나를 주님 앞으로 데려가 주었다. 아내 허운석 선교사에게 온 마음으로 감사한다.

그리고 만 개의 입이 있어도 다 감사 드리지 못할 생명의 주님께 모든 존귀와 찬양과 영광을 돌려드린다.

SOLI DEO GLORIA!(오직 하나님께 영광을)